Vision

一些人物，
一些視野，
一些觀點，
與一個全新的遠景！

做工的人

林立青——著
賴小路——攝影

推薦序——

如果在工地，一個年輕作家的養成

文◎房慧真（作家，《報導者》記者）

和林立青約訪談地點，問他有沒有常去的咖啡館，他答不出來。他說自己騎機車，到哪裡都很方便。

咖啡館由我挑，晚餐時間，我問林立青要不要吃過才來，文青咖啡館無油煙，只提供價錢約等同於三個雞腿便當的輕食三明治。既然是輕食，就是吃巧而非吃飽。文青吃得巧，工人要吃飽。林立青的〈工地拾荒者〉寫來工地撿些瓶罐紙箱的窮苦人，水電師傅看他們可憐，會把短銅線也給他們，「小小的短銅線能讓他們晚上吃得上雞腿便當。」

林立青先到，店裡位置還很多，他卻選擇坐在最邊邊的侷促角落，彷彿想將自己盡量隱藏摺疊起來。他身形壯碩，穿著一身黑。文青也常一身黑，但林立青腰間的霹靂包露了餡，他是十年資歷的工地主任，腰包在工地裡不可或缺，裝著給工人的各式止痛藥，在〈呷藥仔〉裡他寫，連支氣管擴張劑都會準備，工地粉塵大，一口氣喘不上來時刻，「備勞喘」便派上用場。

我們才剛開始聊，帶點憂鬱氣質的店老闆就來制止我們：「店裡還有其他客人要看書，請將音量放低一點。」我環顧四周，店內冷清，最近一組客人離我們還有一段距離。倒是老闆煮完咖啡後，找了一個位置閒讀書。

記者約訪僅有咖啡館這種貧薄的想像地點。為何我不跟林立青約在海產攤或熱炒店？約在可以單點一杯紅露酒配上一碗藥膳土虱，再切一碟滷菜的台式小吃攤。約在可以自在地喝酒划拳喧嘩幹醮，絕不會有一個文雅人狀似客氣地來規馴你一句：「噓！小聲一點。」

咖啡館是工人的絕緣之地，林立青笑著說，在工人的世界裡，最接近這種「地方」的大概就是麥當勞。因為要出新書，出版社幫他找了一個攝影師拍照，「拍完我帶他到麥當勞用餐，攝影師有點錯愕，我才想對喔！應該要帶他去咖啡廳吃鬆餅才對。」林立青不太吃甜食，工地的下午茶當然不會是鬆餅與戚風蛋糕，而是炸雞排、水煎包、蚵仔麵線、臭豆腐。他三十出頭，飲食重鹹多油，已經長出肚腩，也有工地常見的肩頸痠痛問題，固定要去給人按摩。

工地監工的角色，到底是在工人裡面，還是在外面呢？大學畢業的工地監工，其實薪水比同樣大學剛畢業的報社記者高一些。然而跑國會的記者西裝領帶上身，從此往來無白丁，進出無寒門。跑工地的監工要跟工人同吃同睡，要了解工人愛聽玖壹壹的歌，狂追金光布袋戲，要了解他們的宮廟何時出陣頭，女朋友何時提分手，工人不能用命令的，要連哄帶騙好讓他們準時上工，幫忙買結冰水，還要多訂手搖杯，這都是心機。灌飽工人肚子，好讓他們少喝一點酒。

監工在「裡面」，深入工人生活的骨髓，起心動念是融入其中了解文化，方能排解疑難雜症，好讓工程能如期運行。這樣進入底層的長期蹲點，對於寫作而言，當然是一個絕佳的觀察位置，總說經驗匱乏之者、城市無故事，然而故事就深埋於城市工地的碎石瓦礫之下，遭逢林立青這樣一個寫作上無所師從的「素人」，才終於出土。

林立青的工地書寫，除了有無可替代的觀察位置，他的文字清新，無太多現代主義美學上的修辭，有時讀來還會有種紙上Rap的念白感，彷彿他筆下的工地「八嘎囧」出陣頭時所吟唱的歌詩，那種接近工人本色的口語流暢感，可能跟他完全背反於台灣文藝青年的養成有關。他唯一一次投稿是在《聯合文學》上登了一首寫線上遊戲的詩，只因為國文快被當了老師說這樣可以加分。問他參加過文藝營嗎？他說從來沒聽過，問我那是什麼東西。至於文學獎，他說絕對不可能參加，他既反感於某些文學獎的命題作文方式，更無法忍受領獎時要上台接受官員頒獎，「那會讓我全身發毛。」

對權威反骨的傾向，也許因為他是夜市長大的小孩。父母早期在印刷廠工作，工廠外移後轉而在景美夜市賣飾品，他看過衛生人員的無理稽查，也看過警察沒收攤商純為擺飾用途的藝術刀劍，在書裡他幹起公權力和警察時特別大聲，文章常總結於底層工人的無奈與悲哀，在美學上或許能有更不著痕跡的處理方式，但作者從來就不是一個冷靜的觀察者或取材者，他身在其中，也得分擔那悲恨怨幹的一部分。

林立青讀土木工程，但不是人生勝利組的台清交，他是東南科技大學土木系，高中沒考上所以來讀五專，再讀二技夜間部，如同許多藍領家庭讀私校的小孩一樣，讀書的時候要打工，林立青在愛買做麵包。畢業後還有五專加二技的助學貸款要還，「工地監工的第四年，我才還完。」

我問林立青參加什麼社團，典型文藝青年的養成，通常有校刊社，比如楊照《迷路的詩》，曾經讓一個苗栗鄉下孩子陳為廷，立誓要考上建中參加建青社。林立青給了我一個尷尬的答案，東南科大沒有校刊社，他參加的是動漫社，在工地常有漫長的等待時間，他的抒壓方式就是看少女漫畫。說故事的能力，當然不是來自少女漫畫。他在學生時代讀黃春明，在學校打工，幫老師顧辦公室時，也看完書架上的柏楊版《資治通鑑》。

「因為我是窮人，不用花錢又可以吹冷氣的地方就是圖書館，在那裡混久了，自然會找書來讀。在工地枯燥的等待裡，很適合讀那種大部頭的書：雨果的《悲慘世界》、托爾斯泰的《復活》、《安娜．卡列尼娜》，當然還有杜斯妥也夫斯基。」

林立青在二手書店幾乎買齊讀遍了托爾斯泰所有的小說。我忘了問他為什麼買舊書而非新書，想想應該是為了省錢。經濟因素決定他到舊書店淘書，閱讀品味在此養成，無意間讓他接觸到上一個世代的讀物：舊俄文學。被這一代文青冷落已久的舊俄文豪，不夠現代摩登，也不綺麗魔幻，早已不合時宜。文青們寧可多一點聰明雄辯的卡爾維諾波赫士米蘭昆德拉，何苦往板重沉滯的寫實主義裡去。

「人的性格，真的從兩百年以前到現在都一樣，有義氣的人、傻笨的人、狡猾的人……讀托爾斯泰讓我覺得，人性是不會變的。」

如果說林立青完全背反於典型文藝青年的養成，像是《進擊的巨人》裡基因突變的「奇行種」，舊俄文學裡對貧窮的刻鏤，對人性闇黑的深鑿，絕對是他演化裡的一次大躍進。他既在貧窮與闇黑的裡面，但又不全然在裡面。他拿手機給我看，今天早上，有個工人傳LINE跟他借錢，「早上六點ㄟ！但是我知道他下午就會還錢，所以我會借他。」工人所借的錢通常不多，可能窮到連加油的錢都沒有，五百一千擋急用。「有個工人大老遠從樹林騎車到深坑找我，只是為了要跟我借五百元，我會請他吃個豆腐，然後幫他把機車的油加滿，才讓他回去。也有借錢從沒還過的，我就不會再借了，但會帶他去吃飯。」林立青苦笑，工作十年，有借無還的多，所以至今沒什麼存款。但比起打零工的，他畢竟是領有固定月薪的大學畢業生，是唯一有資格可以申辦塑膠卡片的「信用人」。

在工地，林立青看見公權力執法者強凌弱，也看見在無光的暗處，弱弱不一定相殘，前者不難察覺，後者則更需要從雨果從托爾斯泰那裡借來一雙洞澈世情的眼睛。

他看見，年輕不羈的工人願意將寶特瓶壓扁資源回收，是為了讓附近的低收入戶可以拿去賣錢。學有專精的電焊師傅，在得知外勞的悲慘待遇後，會願意將一身技藝傾囊相授，好讓弱者掙脫被壓榨的命運。

他看見警察進工地捉逃跑外勞時，往往是最老最弱勢的工人，會哭著幫外勞求情。在伴唱小吃部，工地最底層的雜工，禿子和跛子領著微薄的薪資不分彼此一起花用，也共同關照最底層的娼妓：燒燙傷的、肢體殘缺的，年老色衰的……在彼此乾涸無一滴滋潤的人生裡，短暫地相濡以沫。

他看見工人不願意穿著沾滿汙泥的雨鞋走進便利商店，並非因為自卑，反而是種「同理」的能力，工人家庭的小孩，往往要及早出來打工幫忙家計，便利商店是為數不多的選擇。踩髒了地面，自然要讓已經忙如八爪章魚的店員負責清理。「畢竟做工的疼惜做工的。那些寫在店門口的待遇讓人看了心疼。」

凡此種種畸零殘破，都被一雙寬厚溫暖的手鎮重地承接起來，捧在掌心。「畢竟做工的疼惜做工的」，那不是見獵心喜的題材，而是沉甸甸地、如實託付的生命。

推薦序——

破牆而出

文◎顧玉玲（作家．勞工運動工作者）

營造工地多半由鐵皮高牆圍住，所有的勞作與髒汙被一舉隔離、遮掩在牆的那一頭，看不見，也不給看。待拆牆亮相時，打地基綁鋼筋砌泥作拉水電鋸木作刷油漆清廢料的勞動者們，恆常是隱身未現的。那些拓寬拔高的反光磚壁、流線手扶梯竟像是變魔術般無中生有，出資者與高官貴賓風光剪綵時，也好似光撒了錢就可以憑空收割工程成果，並理所當然獨占了建物題名的落款處。

總算我們有了立青的工地速寫，破牆而出。灰頭土臉的實作現場，生猛有力的對話與互動，營造業工人的勞動樣貌一一現身，周邊的警察、看板人、更生人、檳榔西施、外籍配偶、性工作者也接連顯影。他的書寫位置擴寬了台灣文學的向度，他的觀察視角折射出階級文化的厚度。

我先是在臉書上零星閱讀立青的系列文章，與我的勞動認識多所呼應，遂特意搜尋了數篇列印給木工師傅競中看。競中快速翻讀後，先下了斷語：「這個作者是工地主任。」為什麼？那麼多工種、工序都接觸得到，有一定的專業理解又不致被捲入特定技術的勞動生態，唯有監工的特殊位置。

監工無非是發包單位外派至工地，負責整合各技術部門，既要協調不同工種施作者之間的困難，也要代替雇主催盯進度。這角色因掌握行政特權而似乎高於現場實作者，但又因無特定專業，也無實權，難免兩面都吃力不討好。我帶著這樣的認識重讀立青的文章，更清晰地看見那個帶著想法進場的年輕菜鳥監工，有一點熱血與世故，有一點理想性與失落傷感，更多的是做為一個人的溫暖與義憤，對工地世界帶著孩童般的好奇，及持續的反思與行動。他遊離在各工地間，接合工人們的勞動程序，保持一些距離，又置身其中，一個懸空又千絲萬履關係纏附的獨特角色，延續到收工後的私下借貸與續攤情誼。

如何在各式工種的本位主義間協商出互留餘裕的可能，還要面對勞雇間的矛盾拉鋸，監工本身必然也有極富張力的故事。不過，立青沒選擇在這個角色多著墨，轉而把焦點放在他所接觸的工人生命樣貌。我猜想，這樣的書寫態度很可能也如實反映了他與工人們的關係：讓監察的角色退一點，讓學習的態度多一點，承認並看重師傅的生命經驗。我們只有在散落的篇章中，浮光掠影地察覺他身為監工的內在矛盾，或是不得不陷入「在施工進度和工人安危下掙扎求生」，或是在法令與人性的擠壓下，終至做出「我永遠不會配合警察辦案抓外勞」的決定。唯有在〈虧檳榔〉一文中，總算看見這名年輕監工在工地裡流轉、虛耗、等待、跑腿的碌碌身形，與同樣年輕的檳榔西施們相濡以沫的安慰、放鬆，看不到盡頭的失落。

立青的工地書寫，以平視的角度進場，觀察工人間性別、年齡、族群的差異，以及權力與關係的交互作用。下工後換裝出遊的年輕打工者、擅作調度的工地大嫂、只有背心數字而無名姓的移工、多次進出監獄的粗工、工地拾荒者……構成工地勞動的主體，來去浮沉。他不評價，但有立場。因著這個貼近被損害者的立場，他看出真正的價值。

《做工的人》首篇從八嘎囮世代入手，他們是被教育體制放棄的少年，群聚到工地自謀生路，酷炫的改裝機車上綁著宮廟求來的平安符。他們與社區生活緊密相連，不關心社會議題，卻建立了獨特的認同，講義氣，為家庭投注心力，「賠錢找宮廟兄弟周轉，賺錢點燭還願加碼普渡」。他們被主流價值遺棄，卻熱情擁抱社群，成為在地文化延續的主力。

這些不受肯認的價值，即便看懂了也無能為力。於是書中多篇工人故事，幾乎都以無奈的嘆息收尾，無法置評又如何可以不作聲：「我不想去回憶。」「我不知道他們的未來會變得怎樣，也最好不要去想。」「我不知道該怎麼辦。所以我恐懼。」「關鍵時刻不認耶穌，會讓我活得輕鬆一點。」「一如現實，我們什麼也做不了。」「其實我也不大想要去思考。」……立青置身其中，看見結構性的矛盾，看見體制的壓迫與工人的無望，束手無策何其沉重。唯有書寫做為微小的武器，抵擋撲天蓋地的誤解與社會汙名。他的持續記錄，我想是因為珍重不願袖手。

是這樣的珍重之心，帶領我們看見工地勞作的各式知識生產，閃閃發光。〈走水路〉裡吸安成癮的阿欽，工作專注且擁有高超技藝，他的電焊作品「焊道又美又細，如同魚鱗般地堆疊……每一個焊點都乾淨美觀，室內的氬焊更是焊出了淡紫色堆疊而出的弧形。」他使用藥物協助哥哥安樂離世，也預留一支給自己，悲傷的敘事背後是衷心的尊重。我也喜歡工地較勁的小撇步，師傅們帶著工程師東繞西繞以讓他們體會酷熱或天寒的勞動環境，增加協商籌碼；而菜鳥監工也學會了這一套應對技巧，「帶著業主走一圈工地，累死他一頓再說」。更不用說，〈罰單〉裡令人難忘的集體行動，環保局官員以「事業汙水」向外牆砌磚的工人開出六萬元罰單，驚動了街坊鄰居、里長、洗車行女俠紛紛出面仗義直言，最終逼使官員妥協，改開一千二百元的罰單。

這些工人手上的籌碼這麼少，動能這麼強，他們的處境飽受壓迫，但個別與集體反抗的動能無處不在。那些工地磨練出來的專業技藝、協商能耐，以及弱勢者適時伸手的抵抗與互助，都像珍珠般發出瑩光，劃破死寂長夜。

營造業向來高居台灣重大職災率首位，一有事故非死即殘。《做工的人》沒有血淋淋的直接傷害，但細筆描繪了那些不被記錄的職業病，日積月累侵蝕勞動者的身體與意志力。電焊工的夜盲、皮膚病變、肺部纖維化；泥作師傅的關節耗損、硬皮無法出汗及足底筋膜炎等，幾乎是營造工人的職業代價。

相對應的，就是工地用藥的常態。一如我所聽聞許多貨運司機、泥水匠的經歷，吸食安非他命以保持工作時的清醒專注，有勇氣從事高危險的艱難勞動。酒、菸、保力達B、咖啡、養肝茶、禁藥，都流傳在重體力行業之間，既是止痛，也為提神，救命與致命反覆搏擊，加倍的耗損與傷害就等在老年，或提早衰老的壯年。

然而這一切分明可以避免。若不是因為趕工、降低安衛成本、勞動環境惡化，職業病都是可以預防的，不該由工人單方面認命吞下。立青進入工地的時機，是台灣繼二〇〇二年加入WTO後，又於二〇〇九年簽署加入GPA（政府採購協定）。加速經濟自由化，首當其衝就是公共營造工程的採購，大幅降低國際資本進場承標的門檻；同時間，台灣遂步修法任令勞動條件彈性化、去管制化，對受僱工人更沒有保障。這些外在政策的變化，都構成了立青所描述日益艱難的營造業工作環境。廠商若要保有一定的資本利潤，就是減少勞工安全衛生成本做為替代，趕工或減薪，最終還是壓榨工人的健康與性命，代價轉嫁至全社會承擔。

重重壓迫，無以言說，工人的不滿只能投射在公權力的執行者身上。基層警察首當其衝被推上火線，成為眾人唾棄的「賊頭大人」。最尖銳的衝突於是出現在警察捉拿逃逸移工的情節，連在場的阿嬤都出聲捍衛：「哩嘛乎郎一口飯呷。」本勞更直接嗆聲：「真正歹人不抓，攏欺負外勞仔。」不義的勞動政策，將基層的工人與員警推成矛盾對立面，令人憤怒又心酸。「反正出言嘲諷成本很低，用鼻音和尖酸的語氣諷刺警察，也只是證明我們毫無能力阻止這種政策」。正義的界線模糊不清，爭吵的兩造都是同受擠壓的人。

到了〈阿霞姊的鹼粽〉裡，中年娼妓和基層員警的關係又有了轉換。立青描述阿霞姊的心思，落筆動人：「年老的好處是：發現那些自己以前害怕又討厭的警察們，現在看來都成了年輕而善良的孩子，對她們這種沒有戶口、沒有駕照的老人睜一隻眼、閉一隻眼。」在執法可放水之處，才回歸到人與人之間的善意相待，一點最起碼的，做人的道理。

我與立青初次見面，他利用中午工地休息時間，騎機車橫越大半個台北市來到「秋門」例行會議的現場，交給我一本《做工的人》影印草稿。他風塵僕僕，衣鞋都有汙漬，但整個人的模樣清朗、專注，有一種罕見的體貼應對，很本能地寧可多做一些而盡量少麻煩人，但那態度又全然不見委屈。

他從技職專科生就到工地打工，至今已有十年。為何開始寫作？他說四年前寫下第一篇工人進香團的文章，為的是翻轉外界對工人迷信無知的誤解。那麼，正解是什麼？正解沒法子簡化說，於是一篇文章不夠，再一篇，又一篇。

我想立青很早就發現了，唯有把個人選擇與結構處境的關連說清楚，才能理解個別的人在有限的條件下如何做出選擇，包含看似無用耗時的工人進香團。對於退休後的營造業工人來說，那些因長期缺席無暇經營的親子關係，那些無能提供更好的條件給下一代的缺憾，那些未竟的願望與一事無成的挫敗，僅能在他們晚年時四處奔波進香，聊勝於無地彌補。他們帶著子孫生辰八字過爐、祝願，祈得一點庇佑子孫的福澤，「有了這樣一趟旅程加持，笨口拙舌的老人們也都變成了智慧長者」。工人進香團以最少的花費做最大的生命投資，將老工人有限的籌碼做最大效益的發揮。

翻轉從來不容易，書寫也沒有盡頭。本書的最終篇，地點落在窗明几淨的便利商店。許多營造師傅進店前，都會先將自己踩過工地泥濘的雨鞋清理乾淨，甚且寧願脱鞋也不願意踩髒乳白色石英磚的地面，只為了體恤店員的辛勞。於是我們看見那一幕，奧客消費者連連碎嘴責備超商店員，終至惹惱了在後排隊的營造工人。他們八個人腰掛鐵鎚扳手，雨衣雨褲上沾滿乾掉的泥漿，揚言：「不買就滾，別擋我路！」迫奧客識相離去。營造工人相救服務業工人，以具體行動豐富了老師傅「做工的疼惜做工的」箴言，也為這本書留下堪稱振奮人心的結局。

此次出書，出版社請了攝影師到工地拍照，一些相熟的水電師傅也一併入鏡。工人們如何理解他的出書呢？立青想想，笑說他們好像以為我要交學校的報告，或者是要考研究所。總之，出書必然有用，有用就該幫忙，他們捲起袖子擺妥姿勢入鏡，好心幫忙立青完成作業，渾然不覺這工作有什麼值得被認真看待，又或者，不敢奢想社會看重這些勞作。而我認為，這本書確實有用，它記錄了當代營造工人珍貴的知識生產，還要再繼續。

目錄

工地人間

愛拚

目錄

工地人間

工地「八嘎囧」世代

最近網路興起一種對「八家將」的奇特嘲諷，時不時就會有一堆奇怪的文章出現嘲笑「八嘎囧」。

其實就我的觀察，在工地的八嘎囧和這些網路上說的完全不一樣。怎麼說呢？工地的八嘎囧是來打工的。也可能因為我一直待在工地現場，遇到的這些八嘎囧和遠遠地看不大相同。

我對八嘎囧的定義是：會去宮廟參加活動，跳陣頭或是參與陣頭活動。

先說年輕工地八嘎囧的幾個特色：會集體行動，有漂亮機車，隨便吃，常落跑，說話要用「虧」的。

首先是集體行動。會來工地打工的年輕八嘎囧，通常做的是一些「集體」的工作。他們不會單獨一個人在工地現場，大多數是三三兩兩結伴一起，做的是可以邊做邊有個伴的工作。例如在大拆屋工地，三、四個八嘎囧敲敲打打，或是搬磚、搬垃圾重物等，這種工作很隨他們自由發揮，他們也樂得和同伴一起拆屋、搬運。或者是土方出土時的洗車工作，兩個人拿著高壓水管往貨車輪胎和道路洗呀洗呀。總之，年輕的八嘎囧一般來說都是一個帶著一個來，工資不大高，但因為通常是整天，薪水也會有個千餘元。不管做什麼，都會用手機或是什麼小喇叭放樂團「玖壹壹」。日子也就這樣和同伴過了。我身邊很多八嘎囧都是在工地忙著忙著，然後假日再去宮廟玩。

再來是機車漂亮。年輕的八嘎囧來工地現場幾次後，通常對衣服就不大要求了，很可能穿著〇〇宮××廟的寬鬆T，或者是舊衣服，下班有事的會在機車裡面放「真正下班要穿的衣服」，下班後水沖一沖換上衣服就跑。但無論如何，他們的車子都很乾淨漂亮。每一台看起來都精心照顧，就是那種每天下班必定洗車上蠟的樣子。另外一點是他們通常不會直接買旗艦機車，例如YAMAHA好了，他們對「勁戰」嗤之以鼻。同樣存或花十萬，他們會用七萬買「CUXI」或是「RS ZERO」、「BWS」，然後花兩萬去改車，一萬貼名字貼紙和加一些紫色、綠色、金色配件，有的還會把女朋友的名字印上去。寧可這樣，或者是買二手的來改，也不要直接花十萬去買「勁戰」。很多年輕八嘎囧上工時用拍機車和背景打卡，下工時面對夕陽再打卡。機車的油門線上面還會綁著跟宮廟求來的平安符。

然後是不在乎食物。這是觀察年輕人和老人的關鍵點。年輕八嘎囧來工地現場通常有得吃就好，不大挑食，排骨、雞腿、焢肉，邊挑邊抱怨吃膩了。有菸抽、有飲料喝，對他們來說比便當重要。但菸酒這種事情就看工作和人了。有的死也要喝、死也要抽，有的意思意思一下。很有意思的是，不管是做啥的，他們都很喜歡集體訂飲料或是雞排，飲料都喝無糖綠茶或是青茶，如果有啤酒更歡喜，讓我們這些管工地的後來都懶了。如果工地旁邊有香腸攤什麼的，他們也常會蹺頭跑去買，然後圍著攤頭剝大蒜。

「落跑」其實發生在所有工地現場重度勞動者的身上。但是由於八嘎囧通常是年輕人，下了班還有體力到處把妹唱歌、騎車吃燒烤，結果有時候玩到睡死了真的起不來，有一些則是因為心情不好就不來。不過和其他年輕學徒比較不同的是，通常八嘎囧還會在工地為了細故而吵架，然後人就跑了。發生這種事情我得去關心一下，免得他們會帶人回來吵架嗆聲。有時候則是跑了過幾天後，自己沒事回來。也有的時候是女朋友來工地陪著工作或等著下班，這種情況，我們會要包商頭放他休息。

「虧」，其實是一種說話方式，不管年輕的、老的都適用。比如說發現錯誤要他們改正，一般來說都先用虧的來處理。不要直接硬碰硬地要求，那很可能會造成摩擦。例如要他們資源回收，直接開罵是笨蛋行為。你改成說這些做垃圾分類，可以讓旁邊的低收入戶晚上拿去賣錢，他們就會乖乖地把寶特瓶壓好壓扁。有的動了慈心，還會動手去幫忙整理。或者是他們做錯了位置要改，這時候要說：「都是師傅了，還考我有沒有來監工喲！」他們就會笑罵說：「三八啊！」馬上改。如果一開口就說他們做錯，很可能晚點就會找你嗆聲。

年輕八嘎囧還有一個特色：他們通常不會主動告訴你廟會要出陣頭去，只會說要請假找朋友。老一點的八嘎囧不同，會很認真地告訴你哪間廟的哪個主神生日。

身邊的。

說說老八嘎囧。在工地的老八嘎囧分兩種：一種是老婆在身邊一起做的，和老婆不在身邊的。

老婆在身邊的通常會有自己專注的技術，也已經出師或是半出師狀態。工地有老婆一起工作的，通常穩定度很高，不大需要擔心會出什麼亂子。這種的一般會包下部分工作，例如瓷磚、泥作、水電、油漆或是木工，通常以家庭為單位。這些師傅們一家人來，心也就穩下來了，更少時間用來炫耀，更多時間用來和家人朋友互相分享食物、工作等情報。因為有老婆，又有工具，所以都會開小貨車或是廂型車。由於下班的時候通常會塞車，所以老婆常在下午去買水煎包、豬血糕、烤肉串、麵線、炸雞等充當點心。處得好的時候，整群人會在工地吃起來，極為海派。普渡時，這種的包商會跑來幫忙一起燒金紙，然後拿在自己的宮廟求來的什麼東西一起下去燒，幫忙祈福。到一定年齡時，同時會去工地現場又會在宮廟出現的，很可能是宮廟的換帖兄弟、爐主等等。未必會真的去跳或是帶團，但出口就是：「我連續兩年龜王啦，去年發，今年一定會更發」這類的來炫耀，然後老婆在旁邊半吐槽半讚聲。還有，他們都很喜歡聽江蕙或是秀蘭瑪雅的對唱情歌。

沒有老婆在身邊的老八嘎囧就比較複雜。有的是駕駛類工作，那比較單純，就是戴著宮廟帽子，宮廟出團時也是幫忙開車的那種。有的是整團八嘎囧的，這時候就特別了，這些團進團出的最常出現在挖掘地下道，或是拆除清運廢土的工作中，從怪手到旁邊指揮交通的，整團都是八嘎囧。這樣一團的其實問題不多，只要找老大說好工作內容通常沒啥事。但比較麻煩的是某些慶典時，明明在趕工，卻整團的人都叫不到……

其實在我看來，宮廟沒有這麼恐怖。這些所謂的八嘎囧，和在地生活非常緊密連結。他們未必知道自己在幹啥。他們對於家鄉和自己的宮廟有一種非常獨特的認同感，對主流社會的議題沒啥太大興趣。普遍來說，胸無大志卻又積極擁抱社區，不愛讀書卻甘願為家庭付出，完全不求上進，卻熱情加入宮廟祈福遶境。

他們對於所謂「學校排名」完全沒有興趣，甚至於鄙視學歷。對他們而言進大企業工作也沒啥意義，腳踏實地地認為只要肯拚就好。一群人圍著宮廟互相介紹工作，板模拿到就介紹泥作，水電進場就推薦木工；賠了錢，回頭進宮廟找兄弟哭訴周轉，賺到錢立刻點燭，還願加碼普渡。

他們每個人都花大把時間泡馬子，用拙劣卻又露骨的語言文字去表達愛意，然後早早結婚生子，也必然地會買車買房。閒暇時刻在宮廟門口擺桌群聚，彼此討論工作，互相安慰吹噓。然後隨著年齡增加，技術和功夫進步後，一個一個獨立出來變成真正的師傅，又變真正的包商。賺了錢，再回頭謝神，謝兄弟，謝拜把的情義相挺，謝老婆不離不棄。

我其實認為，相較於那少數回家鄉被報導的什麼新貴創業或是小文青回家開咖啡廳，這些「八嘎囧世代」才是真正支撐郊區地方和文化的主力。

呷藥仔

話說做我們這行的，有很多人只是在青中壯年時「吃老本」地打拚。到了大概五十歲以後，每個師傅身上都會開始留下一個一個不同的傷痕或是病痛纏身。工地現場的醫藥箱，優碘、紗布、棉花、繃帶可以放到過期，最常被使用的，就是止痛藥。

當然我必須承認，自己也是其一。我也有和他人不盡相同的常備藥品，即使現在的工作已經沒有了工務所，但我的隨身包包以及公司車上，仍放有止痛藥。並且在淋雨工作後那頭顱發脹的狀況下，我就會吞下一顆。另一個則是支氣管擴張劑，隨著自己逐漸有了運動習慣，倒是比較少用到。

說真話，我到現在還是搞不大懂那些止痛藥的差異。師傅們也搞不懂。我們對這些藥品的最大理解程度就是口耳相傳。有些師傅非普拿疼加強錠不吃；有些人，例如粉塵甚大的木工、泥作，則是一定要吃專門的鼻塞喉痛膠囊。久而久之，每個人都有一些私傳的口袋藥品。男工們普遍相信，這些藥品配上高粱酒後藥力更強，因此，真的有師傅將高粱酒裝入水壺中，和止痛藥物一併服下。女工們則比較流行服用感冒糖漿，有一種甘草止咳水，據說可醫治百病，從手痛腳麻，到任何呼吸道疾病，一飲見效，沒有什麼是「喝一罐」不能解決的。另一些女工則是長期地負重，一旦天冷氣寒，便立即喘不過氣。我因為有這經驗，備有支氣管擴張劑，這也幫過不少工地女工。往往在地下室暈眩，呼吸困難時，帶到工地外吸入「備勞喘」，便會慢慢恢復。

其實，這往往是老工人或年紀比我長上許多的工人，那一輩分的人才會有的習慣。年輕的工人不需負起管理、指揮及調度責任，這時候就可以離開工地，請假蹺頭去就醫。看醫生也是在工地過勞時，蹺班離開的一個好藉口。但年長的師傅們受到養家的

壓力，以及其他師傅的期待，不能隨便請假就醫。每個人都想要健康。身為領取日薪的人，每一天前往就醫的時間就代表失去一天的薪水。更擔心的，是一去之後所得到的醫生警語。

工地的現場工作量繁重勞累，所以食物的分量往往極多，味道也極重。工地便當不算好吃，很多準時送到的便當常是兩小時前做好的，只是加了辣醬油和菜脯而勉強下肚。這些都讓每個師傅有得高血壓和心臟病的可能。酒精以及大量的飲用飲料，也都傷肝、傷腎，但天熱時，不靠飲料無法舒緩一身燥熱；天冷時，不靠酒精又無法升高體溫。五年十年下來，原先一身精瘦的鮮肉都會成為和我一樣，兩臂結實壯碩，但肚腹凸出的大叔。

身為工人，要保持健康其實是一件很困難的事。任何人都會有身體上的毛病，但有錢人可以在病情惡化前得到良好的醫治，中產階級們往往有時間，給薪的休假和特休假是坐辦公室的人可以運用的，下班後的診所大門也隨時敞開。

但真正的工人階級則是不願前往。老師傅們不習慣於說明自己的身體狀況，且擔憂慢性病的醫治將要花上大筆開銷。加上這些過勞的師傅們所得到的醫生建議，千篇一律地難以和現在的工作互相配合。孩子上大學的生活費和膝關節開刀手術的一個月修復期，勢必不可兼得，該犧牲哪一方面，不言而喻。做不到的醫囑轉換為對醫生的虧欠，從此不敢再面對醫生。繼續使用麻痺的藥物配合高粱飲下，只能在廟宇前求告期待著兒女長成後，自己還能支撐。

有些則是轉往偏方，迷信吃了某些來路不明的藥物可以解決這些困境，然後陷入更嚴重的病痛和依賴。花費了大量金錢後，換來回到醫院內被醫生斥責的慚愧。

於是，從牙醫到骨科，慢慢地，每一個醫生的診間大門都再也不敢跨入，無臉面對醫生的內疚轉為自我欺騙：看了沒用。還是回到一些診所中，自費注射一針止痛，再拖著身體前往工地現場施工，灌下甘草糖漿和高粱普拿疼。有些運氣好的，等兒女漸長時，通常是孩子死拖活拉地帶到醫生面前，像個小孩一樣招供生活作息。差一點的，就等到再也不能支撐的時候，一次倒下。一人倒全家哭。還能見得到面的，大概也無法再回到當時正常的身體狀況。

有些人回到家裡，成為一生中在最後幾年拖累家庭的重擔，然後痛恨自己失能的無能，變本加厲地飲酒，止痛解憂。有些人則終年閒晃，離開了家，毫無未來可言。有的人甚至放棄一切，在戒治所旁尋找更強的，稱之為「毒品」的藥物。過去在西部沿岸，師傅都知道：某些稱為毒品的藥物注射後再飲下烈酒，即可結束一切痛苦。醫生也會體面地開設死亡證明以讓家屬支領保險。這傳言已久，我卻不敢前往細問。

現在的健保已經不會鎖卡了，我都告訴這些師傅，前往診所好好看病，注射疫苗。但多數師傅一笑置之。他們能不看醫生就不看醫生。他們的車上以及包包內，依然放著他們私傳的藥品組合。

這些藥方依然存在，完全沒有比正規醫療便宜。只是捨不得見到身邊的人，聽到自己身體的真實狀況時，那無比擔心卻又無能為力的面容。

工地調酒

每年到了秋天，氣溫第一次降到十五度以下開始，酒精性飲品便會在工地大量出現。大量的保力達B空罐和沾有淡紅色的免洗杯充斥工地現場，令我這種基層工程師感到深刻的無奈。有時候，有些比較「皮」的工班或是已經熟識到不行的師傅，會豪邁爽朗地邀我們這些「現場的」一起喝一杯，做為招待友好的象徵。

這些酒精性飲料還是以保力達B為大宗。勸阻不了的保力達B具有「確定情誼」、「表示友好」、「拜碼頭交關」以及「安撫心情」，甚至「療傷止痛」的奇特作用。

保力達B在每個時代有特定的配方，在我父親那一代是配米酒喝的，後來好一點的配米酒頭。晚上一杯成為另類的入睡安眠劑，這文化至今不歇。上週在新店光明街吃米粉湯時，還有人這樣一杯一杯點來喝。米粉湯店適時切嘴邊肉、大腸頭及豆腐佐以食之，這種勞工階級的酒吧餐館雖不夠潮，但真正是台灣原汁原味。

在工地現場，保力達B的配方也隨著時代演進而有所變化。

我剛下工地時，約略十年前，那時候流行的是保力達B配上莎莎亞椰奶，這樣稱之為「一組」。近來已經有所變化，有些人會買上兩罐伯朗咖啡配，自以為提神，但大多數師傅配上保力達B，若是大罐保力達B稱為「大組」，小罐保力達B稱為「小組」。有些大型工地或是勞安特別嚴格的現場，則以保溫瓶掩護，甚至有些工地福利社及檳榔攤會用報紙包塑膠罐，內裝保力達B，或以白紙包之，在包裝上寫青草茶、養肝茶。大營造廠的福利社甚至有這種專門用來魚目混珠的貼紙。

這些保力達B讓我這種管理者又愛又恨。

若是有需要不同工班彼此配合的時刻，例如泥作、粉刷，無論水電師傅如何在水電預留開關插座孔內塞報紙、擠海綿，往往都可能被泥作師傅連同管路裡的電線一手抹過。但如果能在事前帶一手保力達B，那往往能起大幅妙用——儘管孔洞可能還是含有水泥，可是至少不至於全數抹平蓋過。又比如地磚師傅鋪設地磚時，若有先拿一手找上水電，那水電配管拉線時，多少可以留下一部分的空間供地磚師傅拌料鋪貼，不至於在地面配管配了個滿。

但勞安是個大問題。任何工地飲酒都有罰則。有些大型公司因為家大業大，愈是大公司愈可以不知民間疾苦，擺出準備扣錢的晚娘面孔，反正單價就是硬生生比外面高三

Ronaldino

成，工人看在錢的分上，也就放棄這些小小享受，畢竟大利當頭，與其罵監工，不如快點拚數量，領錢了事。但像我這種小型公司，過去又常標領公共工程，價錢已經爛到準備在業主看不懂的地方動手腳偷工減料。這種時候再有罰則，師傅們大概就甩頭而去了。我在這種環境中，練就了無論何時都能鬼話連篇的嘴砲技能，至今還是習慣用「哀」的方式去要求師傅。總之，扯長官、扯法規、扯晚點勞檢、扯怕被看到會罰錢都行。位小職卑者，裝孬勝逞強。

在夏天時，我們這些工地現場工程師還能團購手搖飲料，一杯在手，哪怕師傅們如何推薦，都可以說討厭喝酒、怕被罵、晚點要開車、「賊頭」很多、勞檢等等來抓包之類的，甚至揪師傅一起訂，把師傅們灌飽就沒事。但在天氣漸寒，尤其是下雨颳風之時，那又是另一種情形。

在我看來，工地的喝酒高潮在冬天，尤其是下雨的冬天。有些建案所在之處冷風刺骨，若加上天雨，整個人整天下來都不得歇息。這種時候，戶外的工作更顯恐怖，所有人到工地現場都很清楚，如此惡劣的環境仍來工作，不過只為餬口而已。因此從入場前就有人已經帶著混濁的氣息，和逐漸散出微熱的體溫，前來應付一天的工作及進度。工地的現場周遭，在冬天也「應景」地會出現一些奇特的酒類，例如一罐一百元的紅酒、兩百元即有的二鍋頭或是高粱。最近有些年輕人會到7-11買上小小罐的伏特加及調酒，一來耍帥，二來禦寒。

酒精在工地現場，也因人而異。大多數擁有一技之長的師傅都只是淺嚐，開心喝下後，熱了身子就好去做事。愛吹噓酒店喝酒經驗的大領班、大包商即使愛喝，也不會在工地現場和一些師傅一樣非飲不可。但有些工人師傅就是終身離不開酒，依我的觀察結果，工作環境愈是惡劣、待遇愈是差勁的年長工人，通常愈經常飲用酒精以自我麻痺。

有些人來到工地時，往往還回憶著過去曾有更好的工作，而今年紀已過半百，卻在現場領取一天一千一的薪水。搖頭嘆氣之時，只要一杯高粱下去，這微醺又稍感舒緩的身體就也能適應重複和無聊至工作結束。也有師傅知道即將淋雨工作，將小罐高粱放入口袋，稍感體寒時啜飲一口，便有熱能自身體中湧出。另外，曾有一名師傅每逢下雨，那腳上長年沒拔出的骨釘就會刺痛，總要等他喝下「一組」後，那身體的疼痛似乎就能大幅舒緩。

而依賴酒精的粗工不同，他們常常一身窮困，破衣爛褲的連雨鞋都會漏水，雨衣也是

「小北百貨」或五金行內買來的十九元輕便型，一天內就會變成破塑膠布。這些人喝酒後，暫時放棄思考待遇，也就不在乎了。微醺，稍稍地麻痺、止痛，且停止抱怨和思考。而且很可能離開了這個工作，就沒有可以共飲的對象。冬天時上工不像夏天。夏天收工回家時，天氣往往比工作時舒服清爽。在冬天晚上收工，往往是愈夜愈冷，況且飄雨的日子連夜市也沒有，窮人的無聊花不起錢，就只能將空閒的時間盡快打發。如此活著。

只是他們來來去去，也只能在檳榔攤或工地福利社為數不多的飲料中，挑選一、兩種加上保力達B來調配而已。

這些最愛喝酒、整天渾渾噩噩的粗工，看不到他們身上有什麼希望。他們常是連婚也離了，很多人也沒有兒女。上工時先喝下一杯，讓自己輕鬆點，不要再去想太多未來。酒精可以埋藏多餘的時間，以及那些沒有人在意的無意義重複對話內容。我以前有時候會在下班時，把包商們拿到工務所的禮酒整組送去給他們。

我幾乎不喝酒，也不喜歡酒。但隨著年歲漸長，我慢慢能理解他們喝的，其實有時候不只是酒。

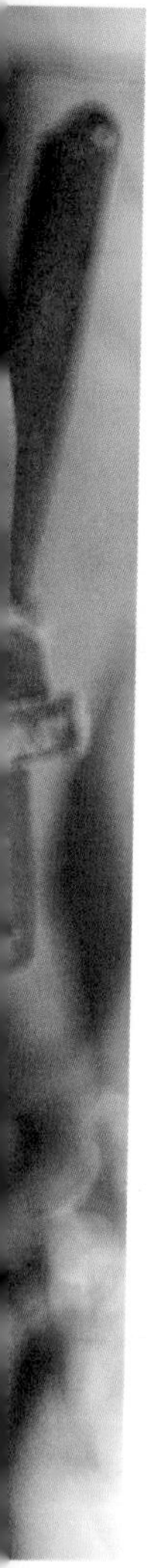

工地外勞

在較大型的工地現場，常常能看到外勞（外籍移工）。過去是泰勞占了這些勞工的大多數，現在則是百花齊放，到處都有外勞。

台灣人的無知也充斥於管理狀況。在台灣工地的外勞，常常是用「背心數字」來代替他們的姓名，美其名是便於管理，說難聽一點，就是自己貶低自己所從事行業的價值。這些外勞身上的背心若數字是83，那就叫「八十三」，若是99，那就被叫「九十九」。這和台灣人請外籍看護時，不管人家來自哪國都叫「瑪麗亞」有異曲同工之妙。

廠工外勞的待遇惡劣無比，永遠都是《勞基法》的基本薪資，再扣去爛到不可思議的膳宿費用以及仲介費——第一個月就別說了，待遇最差的不到五千；而後整年，這些外勞實際領到的薪水往往只有一萬到一萬五。因此，有技能的外勞們往往願意配合加班，甚至和工廠老闆談起條件，在簽證工作許可外，前往工地工作以賺取其他收入。他們在母工廠只有底薪，許可外的工作反而有更多機會可多寄錢回家，但這也排擠了本勞。這些外勞年輕，又在管理能力拙劣的宿舍中生活。他們變成最為機動的人力，隨意供雇主差遣使用，穩定且廉價。

這樣的結果，使台灣本地無經驗、無技術、無設備的低階年長勞工受苦，在面對年輕力壯的外勞時毫無競爭力，只能勉強去做薪資待遇更低的看板人、舉牌工。台灣的工程往往以低價搶標，能省則省，省到後來就無法保證會有穩定的人員可在工地施工。因為價錢太差了，工人們若不爽，離開再找也不會比較難過。這種時刻，所有的工廠和大型營造建設公司，就會加大宣傳現代人吃不了苦，職缺已久但無人應徵。實際上，我這種明眼人一看就知道，那薪資和待遇條件只是在欺騙不懂的記者和白領。偏偏還三不五時真的會有記者配合寫出無知報導，表示台灣人不願做這些工，只好引進

外勞。

所以工地現場的工人們對於外勞，是又愛又恨。恨的是工作的薪資待遇因著這些外勞而被拉低，翻身無望，使他們開始憤恨這些遠來的外勞。愛的是，跟著外勞做事的粗工，就算啥都不會也能立刻變成班長，靠著語言能通後，代為控制這些外勞，藉由仲介外勞工作而謀生起來，只要外勞有了你所需要的技能，粗工立刻可以轉變為人力商，有外勞幫著輕鬆賺錢。這種詭異的權力結構無所不在。而且更詭異的是，只要是勞工碰上外勞，所有人幾乎都會從排斥轉變為同情。

我曾有一次在一個大工地旁改修房屋，由於吊車聯繫不及，正在煩憂該如何將砂石、水泥搬運至頂樓。這時，外勞頭子前來提議，開價兩千元，外勞會放棄中午休息時間，前來幫忙我將砂石裝袋後搬運到頂樓去。我原先看這些外勞一副要死不活的樣子，猶豫不定，但想到吊車一趟也要兩千五，就答應了他。沒想到，這兩名外勞聽到是一人八百元搬東西，把外套脫去、上衣脫掉，全身赤條條地如同神靈附體。十包水泥、一立方的砂，就這樣給他們兩人在一小時內裝袋搬運完畢。那台灣班長負責上工前買冰水、便當，完工後從樓上掃到樓下，他這樣「只」抽四百元，被外勞們認為有情有義。之後他因為外勞年限已到，就帶著外勞逃跑離開，和幾個懂電焊的外勞四處接案拿工作，儼然一個人力頭子。雖沒有再和他合作，但倒也常見到他。

透過他的原因，我也知道有「外勞泡麵」、「外勞啤酒」、「外勞化妝品」和「外勞雜貨店」。最特別的還是「外勞銀行」。這見證著台灣官方和主流社會對於這些勞力的漠視，也更凸顯他們蓬勃的生命力。

所謂的外勞銀行，假掰一點說，是具有高度競爭力的「跨國金融業務」；說實在一點，就是便宜、好用、方便、親切的地下金融。有些逃跑外勞，所賺的錢需要匯回國內，無法直接去台灣的銀行辦理。但一般台灣合法的外勞，也大量使用這種地下服務。

外勞匯款回國若在台灣的銀行辦理，手續費從四百元起跳，先將台幣結算成美金後，再用美金轉為母國貨幣。這樣一來，匯差大概會有百分之五到十之多。還必須等待五天至一週，家人才能拿到錢。

外勞銀行沒這問題。它們多半和商店一同經營。貨幣依匯率直接結算，手續費每一萬

元抽一百元。今天匯，明天保證到戶，有某些國家或某些區域，則可以保證半天，甚至三小時內以現金送達家人手上。每匯萬元，還送小禮品一件，小至泡麵、肥皂、毛巾；兩萬元時，可以送沐浴乳、洗髮精、刮鬍刀；三萬元以上，送手錶、T恤、帽子和拖鞋。全程母語服務，親切非凡。絕對不會遭遇到台灣的銀行被警衛盯著看的窘境，和台灣人無所不在的歧視。匯款完，在一旁便可購買日常必需用品。

說到底，是台灣的銀行在「東南亞跨國金融」上的低能，讓這種地下金融服務成為不得不的選項。綜合以上所述後，白癡才選擇到台灣的銀行辦理跨國匯兌。

過去，外勞的薪資必須全部存在特定帳戶裡，甚至有雇主強迫儲蓄，外勞仲介還會用一些詭異的文字來鼓勵雇主「幫」外勞打算。後來台灣人終於把他們當人看後，除了泰勞會去泰國銀行外，幾乎所有的外勞都會利用這種管道匯款。

對外勞而言，「工地」可能是台灣所有工作內容中，最為自由的工作。在工地現場，通常只要把自己的事做完，我們是不大管人的，就算是外勞亦同。許多擁有特殊技術的廠工外勞，在掌握技術後，反而成為工地爭相邀約的對象。以電焊工來說，有牌的焊工常常被大型工廠工地綁下，在台塑或是電廠這種地方，開出一天超過三千五、四千五，甚至五千的待遇也所在多有。民間建案反而苦缺技術工，這時候能在夏日爬高，並且耐熱的東南亞外勞，成了第一流熱門人選。

這倒不是台灣人不願做，而是不能做。台灣工程管理技術嚴重落後，所有的頂頭上司只會盡可能地要求速度，工人的環境、待遇都極為惡劣。這些焊工往往胸肺操勞，鐵肺和盲眼是最常見的職業傷害。有一個說法是「學了鐵工活不過七十」，也最好不要活到七十。電焊現場的鐵渣、火星以及對眼睛暴露的強光，都讓這些焊接工英年早逝。我在工地現場認識的老焊工師傅，這幾年相繼去世，年齡還真的都不到七十。

但有了這些外勞，一來可以壓低成本，二來不需改進勞動條件，空氣繼續混濁，進度繼續施壓。這些台灣師傅的無奈就在於此。將技術傳授外勞，可以大幅增加人力。但師傅們也知道，一個月薪不過兩萬的外勞，花半年學會這些技術後，立刻變成一天兩千以上的師傅。

台灣人對人的良善，此時就出現了。不只一個師傅在得知外勞的悲慘待遇後，將畢生所學傾囊相授，師傅們從自身的經驗得知，要擺脫受人壓榨的人生，最好的方法就是擁有專精的技術。所以現在不只一種工法技術有大量的外籍勞工掌握且專精，像是接連鋼筋綁紮的箍筋技術、清水模板的補強工法、灌漿工的牽管與接管、泥作工的倒吊粉刷、油漆工的批土和補土，甚至玻璃磚的矽利康收縫、弱電系統的布置……全數都有外勞在做。警察捉不勝捉。我到朋友的工地現場，常常隨處就可見到外勞在鷹架上、在地下室或在工務所旁穿梭，還往往帶著女友同行。

外勞會逃逸，有很大一個原因是「自由」。台灣的工廠宿舍像是沙丁魚罐，門禁嚴格，居家看護甚至全年無休，更別說像是蓄奴般的漁工。很多廠工戀愛談著談著，就在台灣演起私奔，把戶頭的錢領了，用地下匯兌匯往老家，接著找朋友收留。

想也知道，工地這種地方永遠在缺工，錢又比農家來得多。我問過一個廠工，她為什麼要逃跑。她說工廠騙人沒有加班，不是好人。我跟她說工地也好累，她卻說都很累，但我們不會亂罵她、不會扣錢，也不會色瞇瞇地看她，「你是好人」。我說警察可能會抓。她笑著說：可以去夜市，可以煮飯，便當很好吃，很自由，警察來一起

跑。然後她拉著男友的手，兩個人傻傻甜甜地笑。他們很年輕。

歸根究柢，台灣的政府為罪魁禍首。這些逃逸後能繼續工作的外勞往往有一技之長，或是特別精於溝通的能力。這些外勞所能做出的貢獻，遠遠高於法規所訂的待遇。但即使主管機關自我欺騙外勞可以轉換雇主，實際上，當這些外勞面對惡劣的勞動條件時，最常被仲介威脅的就是母國的高額貸款壓力。台灣的仲介為了留住原有的客群，永遠不願意也不可能真的配合外勞的需求而媒合。許多仲介甚至彼此互相檢舉逃逸外勞。

這種法律我不會尊重。我從來沒有尊重過執法者的道德觀念。不只一次看過警察抓外勞，這時候我一定去圍觀鼓譟，這是台灣人的傳統美德。喊一句「真正歹人不抓，攏欺負外勞仔」這種話，可以立即切割族群。工人們往往立刻就說：「飼這四隻腳欺負做工的。」

而往往是愈老、愈弱的工人，愈看不過這些外勞被警察拉走的畫面。有次一個阿嬤級女工動了慈心，還就這樣哭了起來，拉著警察說：「哩嘛乎郎一口飯呷……」旁邊不知道是什麼官員還說：「他們偷打工，你們會沒工作。」阿嬤才懶得搭理，堅持要給外勞們買上麵包、飲料。

警察們會不爽，我知道，當遇到警察抓外勞時，我永遠就會是一副「老子不想配合，你又奈我何」的態度。我沒有必要成為體制內的幫凶，並且就這樣跟警察扯起不合作運動。沒幾個警察講得過我，他們只能用虛弱無力，又引來諷刺的「依法執法」這種話來回覆，工人們會用「依法辦理謝謝指教」，繼續嘲諷。

反正出言嘲諷成本很低，用鼻音和尖酸的語氣諷刺警察，也只是證明我們毫無能力阻止這種政策：從他們的就業條件開始歧視，完全不在意他們所應該享有的服務，也絲毫不尊重他們的技術和想法。

小時候，我媽媽告訴我，曾有警察來市場抓打工的外配，活生生地在麵攤拆散一個家庭。現在我知道，我永遠不會配合警察辦案抓外勞。

我缺乏這種美德，而且不屑擁有。

中聯

工地大嫂

像我這種在工地現場沒有靠山的年輕人，活下來的第一個先決條件就是「嘴甜」。工地現場的嘴甜技巧，總之是管工地的每個都叫「主任」，做工的每個都叫「師傅」，管便當、福利社的每個都叫「老闆」，司機每個都叫「老大」。這樣叫對了是上道，叫錯了是禮貌。

至於工地較少有的女性，全部都要年輕化。但凡四十歲以下的單身女生全部叫「妹妹」。六十歲以下，和丈夫一起來的叫「大嫂」，單獨一人來的叫「大姊」。超過六十歲的，則都叫「阿姨」。嘴甜一點準沒錯，就算別人指正，還能裝傻再拍一次馬屁。

工地屬於傳統產業，無論怎麼呼籲男女平等，畢竟這裡就是以勞力換錢的地方。男女體力的外在差異極大。但有些事就是適合女人，例如請款時刻，和我們這些工地主任錙銖必較、算得清清楚楚的往往是女人。單獨作業時，哀求警察、環保不要開單的也是女人。要求工程價碼提高的，是女人。當學徒、同行要來借錢支應，能夠應對處理的還是女人。

不過，在工地工作的女性，通常是和父親、丈夫、兄弟等家人或男友一起做。這種環境粗野陽剛，非常現實地不適合女性一人單獨前來，因為這樣的職場往往搞不清楚「虧妹」和「性騷擾」的差異。單身的工人當沒有話題時，就是誇耀性能力和經驗數，二一添作五，誇張再加度，還互相激勵前去邀約。也往往這些人的用詞直接，作風大膽，舉止誇張，真能帶上女孩交往。

要這些男人說話收斂，除了身邊帶妻子之外，什麼方法也沒用。勞力工作者在三杯黃湯下肚後，說話時誰也不服誰，若是激起來，只怕他們為了出一口鳥氣亂做一通，到時候完全收不了尾。另有些人則是妻子不在身邊，謊稱加班，結果蹺去酒店。工地現

FASHION
CHILD WEAR

場非常傳統，工人師傅們往往早早結婚生子，對象也相對年輕。在妻子學歷也不大高的狀態下，跟著自己丈夫到工地是一個很自然的選擇，畢竟多一人在身邊，既能約束丈夫，也能顧好工作。這樣的狀態自然而正常，往往是工地現場師傅級常有的現象。

由於我們的社會對女性的框架依然很強，若是早婚生子的女性，往往很難重返職場找到好工作，餐飲服務薪資既低又差，高階一點的服務業也不願意提供她們機會。這些大嫂們往往因為丈夫出師接案，工程前期需要人手，接連做上幾年後掌握了個別技能，甚至超越丈夫的也常有。有些工地現場的大嫂，甚至有令人驚嘆的技能和才華。

有些師傅功夫一流，技術絕精，但好強高傲。他的妻子在旁則是溫柔婉約，長袖善舞地負責接案調度，使他們夫妻倆工程銜接無虞，完全補上自己丈夫能力不足處，成為真正顧場、指揮調度的專業女性。

有的師傅技術可以，但個性不穩定，在工地就是愛喝、愛賭，帶上妻子後也都有所收斂，並且能繼續接案。這些大嫂們默默收管著自己的丈夫，前後調度，拉著顧著，讓丈夫不至於出大包，能穩穩地工作。

也有的大嫂極有度量胸襟，帶著娘家、夫家的侄兒親戚等一同工作，徒子徒孫遍布整個行業，整個家族全靠她用一支電話聯繫，指揮調度使臂使指，喊水會結凍，喊米變肉粽。真正趕起工來，人脈比我們這些營造廠還多、還廣。往往有時候大男人叫不到的人，都由這些嫂子前去拜請而來。

當然，我們對於能待在工地現場共管事的這些大嫂無比尊敬，在這種傳統產業的框架下，她們還兼顧家庭，打理孩子。而這種共拚事業的夫妻組合，其實是傳統社會框架下最好的典範。工程現場環境的這些女性，往往在年長之後，對人、對事都多了一分寬容和體諒。

在工地有人吵起架來，調停的常常是她們；在工地看見有人病痛時，分藥提供偏方的是她們；工地有貓、狗死亡，埋葬的還是她們；工程順利，帶著下包師傅一同唱歌的也是她們。甚至工程不順，要去哪裡拜什麼，都是她們在指點迷津。困苦的環境使人感恩，在這種環境中，女性特有的溫柔充當防腐作用，能使自己和丈夫更為穩定。

直到這些女性漸漸老了，頭髮花白了，身體不再苗條了，無法久站了，可能都還是要靠著她們支撐。許多男人誇口技術好，卻連支票也不會開；有些男人炫耀力氣，卻無法說服業主放款。這種不為人知的細節，女人們不當面戳破，就如同男人誇口炫耀性能力一般，即使她們心知肚明，也不願讓自己的丈夫出糗。

這些大嫂們，通常是在有了「阿嬤」身分後，才能退休回家。阿嬤的身分獨特，地位崇高，有著不同於工地現場的待遇。這些阿嬤在年輕時真的吃過苦頭，見過困難環境和世面，她們全心全意地愛孩子，毫無保留地愛，並且等著徒子徒孫和晚輩的撒嬌。

我常常看著她們在工地的身影，那無可取代、又無比堅毅地在惡劣環境中工作，穿梭其間，調停折衝。這些女性完全就是台灣社會女性最為堅強、最為溫柔，又最為美麗的縮影。

我很尊敬這些在工地的「大嫂」。無比尊敬。

子孫代代

工地現場有一種很獨特的情況，那就是不知道為什麼，幾乎所有的現場施工者到了一定年齡後，會被理所當然地認為已經結婚生子，好像結婚生子是一件必然會發生的事。和工地現場的施工人員相處時，最常被這些師傅關心的也就是婚姻、家庭狀況。

工地的意識形態不同於辦公室文化。在辦公室內，一般來說對於私生活的關注較少，過度的關注是一件失禮的事。但在工地現場，這會是一個考古題，從何時結婚到孩子何時出生，這些師傅都會在關心時給予無比慷慨的承諾。相反地，一個人若是身邊沒有妻子，又或是從來沒有結婚，都會被懷疑不務正業或不夠穩重。

由於工作繁重，難以進修或是擁有良好學歷，工程現場的師傅們若沒有在年輕時積極追求對象，並且早早懷孕生子，就會有很多人無法適應現代社會的擇偶條件。在工地現場，到處都可見師傅們在過了一定年齡後娶了外籍配偶，甚至在七、八年前，有些師傅的副業正是介紹外籍新娘。

有意思的是，無論本籍外籍，若是妻子會同丈夫一同工作，那其實以工地的薪資待遇，一般而言是能存下錢來的。這些工地現場的夫妻最常見的就是泥作、瓷磚師傅，夫妻兩人架線、貼磚、攪土、粉牆。有些默契好的夫婦，兩人在現場施工時的配合動作流暢，一人勺土上盤，另一人旋即粉刷上牆再將土盤接來，簡直如同舞蹈一般。能這樣配合的師傅也往往具有強大的韌性，他們甚至能夠同時適應勞累的工作環境並養兒育女。

●

有些人認為工地現場的師傅容易疏於照顧兒女，但就我觀察似乎沒有太大根據。和大多數的偏見一樣，這其實只是歧視下自以為的優越。

真正對兒女的照顧，和職業的相關性絕對少於與收入多寡的相關性。有錢的人往往能給孩子較好的環境，但在工地現場看過去，我也不覺得勞工的孩子有比較差。反倒是工地的師傅們會讓兒女更早自由發展，常常不設限，也較不認定非哪些工作不可。有高職讀高職，有大學讀大學。科技大學和普通大學差在哪裡？這些師傅往往也聽不懂，總之讀得比自己高，也就值得開心一番了。

我所見到的師傅們，若是經濟許可，多會為孩子繳學費。這是一種「能讀多少就讀多少」的觀念，近年來轉變為「想讀多高就去讀多高」，並且或多或少對孩子寄予巨大期待。當然，也有經濟能力較差的師傅，若是可以則會借貸來應付，比如讓孩子辦助學貸款，其他得靠著另外借貸來支應。這點有些特別，工人之間若是為了投資借錢，那不一定；但若是真的為了孩子借錢倒很容易，也很難拒絕。

工地的師傅們一如所有的勞工階級。這些師傅們總是吹噓當年勇：年輕時走跳四方，有錢的時候花起來毫不手軟，各種各樣的活潑休閒活動無不涉獵，釣蝦場、撞球館、「小吃部」、網咖、卡拉ＯＫ、三溫暖、夜市的「喊場」、各式養生館，甚至奇特的挖耳朵、修腳皮專門店，應有盡有。這些吹噓結束後，總要在結尾說上：後來因為有了老婆，只能一家子在週日時刻帶孩子釣上一整天蝦，或是全家在夜市喊賣玩具的攤子前坐上一整個晚上，隨手吃著炸雞、魷魚、烤玉米。無論如何吹噓，隨著孩子年紀長大，學費、生活費、住宿費等的費用也增加。就算學費能夠貸款，但住宿、生活以及書籍費還是得硬咬著牙處理。鄉下地區的師傅們更是如此，有時孩子考上了大學，偏偏宿舍無床，便跑來問我如何上網查租屋。那個年齡的師傅們連菸錢都會開始省下。

工地現場的工作勞累，到最後身體會有一個極限，再也無法和其他年輕力壯的工人競爭。但若是孩子畢業了、當兵了、結婚了，這種擔子似乎也就解脫了。很多師傅們會變得挑起工作，只做某些有把握並且確定勞動條件較好的工作。

等到再老一點，工地不再聯絡，這些老人的時間很可能就是女的在宮廟摺花，男的在門口下棋、泡茶。有塊地的，則每天在田裡養狗、種菜並分給鄰居和家人，如此退休。勞工的老年生活待遇毫無保障，退休後的老工人們往往失去了活動的能力，也少有旅遊的機會。這時候，沿著宮廟周圍的活動成為不需花費的娛樂去處，甚至有些人擺起小攤販，藉此賺些生活費。這些失工的老人們，成為在家鄉等著孩子回來探望的對象。我也聽過某些師傅會騎車回到過去的施工現場，傻傻地看著那些房子、橋梁。

由於時代變化得太快，在現今社會下，教育程度的高低已經不可能保障就業的穩定和選擇。這些老師傅們成為老人後，看著後代只要不偷不搶，也就釋懷無比。早早晚晚弄點閒事，更多時間是等著孩子回來。工作在外的孩子只要回家喜歡那些桌上的菜餚，無論需要花上多久時間，這些老人也都樂得一煮再煮。

還有一些工人，不願意守在家中等著孩子回來，「主動出擊」就變成另一種獨特形式：「進香團」。一團一團的老人們，往往是勞工階級，坐上一台一台的遊覽車後，以近乎行軍的方式到每一座廟宇求取子孫代代的護身符。在大陸客還沒有大量來台前，每一間大小宮廟，幾乎都擠滿了這類遊覽車。

這些老人家們成為香客，以地方信仰為中心請出神尊主祀，有的甚至強到把自家神明廳給請來，以不可思議的意志力負重而行，在各座宮廟之間，拿著子孫們的生辰八字過爐、過火。

進香團的行程單調而緊湊，有些往往每日在遊覽車待上五個小時，有些則是長輩縱走數十公里而不倦。直到旅程結束後，喜悅無比地將沿著宮廟買來的糕餅、糖果和求來的符咒整理妥當，就每個子孫的現況細細分配，例如：哪個孫子要考試，所以特地求了文昌；哪個孫女到現在沒嫁，求了月老；哪個當兵求了關帝，哪個又求了什麼。接著電話連叩，在家燒菜煮飯等著孫兒子女回來，再用這些求來的神祕籤詩做為理由開導勉勵一番，要孫兒好好找工作，要孫女好好找人嫁。有了這樣一趟旅程加持，笨口拙舌的老人們也都變成了智慧長者。

這種無比耗神耗力的行為，若不是出自於對子孫後代的關心，我無法解釋。只能動容。

我只能在年輕師傅們逢年過節要回家看媽媽時，鼓勵他們提前回去，並且在那個時候，祝他們旅途平安。

共體時艱

故事的開始大概都是這樣的：或許是颱風天災；或是因為某個意外，比如門口修路，結果挖斷管線造成停電；或者是一場車禍造成關鍵性的工人無法到場……種種狀況造成工地的進度明顯拖延。這時候，我們工地的現場就會開始陷入莫名的混亂，例如打不完的電話、全部重新安排工作等。

也就在這種時刻，工地現場總會產生意料不到的各種奇特壓力。這些壓力在每個師傅之間游移，有時候在個別的師傅身上出現，有時候在我們這些顧現場的工程師身上出現，不一而足，每個人的壓力都能互相累積、互相疊加或是互相釋放。但整體而言，我們這些工程師往往有一定的時效週期，通常大概到了四十多歲上下，很多現場工程師要嘛走入辦公室，或者自己開了間小公司專精某一項領域，要嘛考上公職或是技師等證照換跑道，要嘛離開現場的工作環境。這也是工地現場不常看到老工程師的原因。

畢竟在工地現場也和其他行業一樣，倚老賣老並且利用廉價勞力的狀況嚴重而明顯。對剛進來的年輕工程師而言，有時候難免會面對師傅的嘲弄，一些身段不夠軟的或是個性硬一點的，往往三兩個月就決定離開工程現場。

另一個和其他行業沒啥兩樣，也更為常見的，就是所謂「高層的壓力」。

當一個人久待辦公室後，沒有親身走到施工的現場，就會認定一切都有一定的邏輯，並且大抵認定一件事情該如何完成。亦即，所有的問題都一定有方法解決。所以這些高等職位者，往往出一張嘴，遙控指揮。這種方法的好處是旁觀者清，一張嘴下都能冷靜應對。如果拿來處理人事問題，也還勉強可以，頂多理性處理不來時人跑掉就是。

但是，台灣的工程相關單位往往會將這一點發揮到極致，也就是拿來處理預算問題。這有一個專有名詞，叫做「共體時艱」。說穿了就是在沒有錢的狀況下，比賽著如何剝削底層領班。我進工地後，最常在高階管理層身上聽到的就是這類奇特言論，這往往是從一個什麼高等位階的主管階層開始說起，然後傳授而來。

公部門是第一種我接觸過後無比嘆息的單位。反正一切價低者得，又有指定預算科目，這些吃公家飯的因而有自己的一套「四平八穩」公文法，舉凡一切業務內容都循往例公文套用發出，於是永遠也不會進步。所有公務員以新的工作為噩夢地獄，甚至直接向包商要求計畫、圖畫以及公文套用，久而久之，整個公部門的素質變得不思進取。

若是有人想用更新、更好的方式，那容易招來大量質疑，這在公部門中都是大幅壓力。四平八穩地循舊，反而成為公務部門的例行方式。

而各家建設公司、營造公司，往往也有一些令人哭笑不得的管理法。

從營造公司管理階層聽到的第一個獨門管理招式，我稱之為「三層皮」。說穿了就是工程找人來議價，接著收到報價後，現場開始砍價剝一次皮；到了完工後，管理階層再親自打電話砍價剝一層皮；等到發放款項時，會計單位以開長時間票期換短時間票期，再砍一次價，剝一層皮。這之中的奧妙無窮、變化多端，任何藉口都能拿來用，有時候是尾數捨去讓會計好發款，有時候是數量精簡，讓工程現場核對數量較輕鬆，有時候則是發票稅內加。

另一家營造公司也有類似的詭異理論，大抵可稱為「殺價王」。說穿了就是在工地現場，不管什麼人進來工作，都套用過去的經驗，然後依據砍價結果來判定管理能力優劣。全公司以詢價、訪價、砍價為榮，從垃圾車每台便宜一百元到粗工每天少領五十元，都能引以為傲。另外有變形版的，也就是訂出密密麻麻的工地管理規則，從水泥袋由側邊剖開每個罰五十元，到鋼筋剩料散開沒捆好各罰五十元、反光背心破裂每件罰一百元、工地內專用的施工背心每件五百元都有。這些人認為：工程從小事開始賺起。

另外一種是「畫大餅」，各式各樣的工程都看得到，說穿了就是告訴施工廠商「價錢依照公司公定」，騙一些小包商來做。這其中再以「以後還會有工作」來糊弄，欺騙承包商「認識我」是一種榮幸，然後大砍其價，以無法看到的美好未來承諾，來敷衍本來就應該要有的合理待遇。這種狀況下，還真的能騙到幾個包商繼續幻想未來下一場工地而被剝削得嚴重；散工則是罵聲連連，像是被打了麻醉藥一般，在工地現場渾渾噩噩地低效率。

這些我認為毫無意義且當作笑話的不透明管理方式，卻意外地可以長期存活，而且成為某些公司的特色文化，還在一些工程建築包商間風聞已久，甚至自以為是地成為一種詭異的公司規定。最優秀的包商和工人再也受不了，於是遠離這些工程而去。回過頭來，往往吸引一些根本不具有承包能力的「半桶」（還沒有出師，但已經可以作業

LIUKOO

的師傅）前來承攬，像是一些剛出來做的，或是經驗、人脈不足的，才前來這種工作場內接案施工，於是整個工地現場陷入更嚴重的停滯狀態。

當然，那些訂下規定的管理階層，理所當然地還是要求工地依照合約和公司的慣例繼續處理。只是當工地現場被要求如此管理時，有些工程師或是畢業生會在適應不良下立即離開。一些抗壓力特強的，打死不退地撐著，對上面認定的這些重要技能裝死擺爛，反正人也不好請，混混過了也就罷了。另一些則是走入灰色地帶，所有公司過手的數量全數二一添作五，送上去能請則請，全力護航下包商，以求每天得以指揮，若是有一天不幹了，終究還能投靠這些朋友。

我身邊的同學、朋友也一個個離開了工地。

整體環境的惡劣，是造成優秀的工程師寧可離去的最大因素。反正有了這些工程管理技能，真要餓到也不容易，自己動手在鄰近社區做點小工程，終究還是能度日。

當我們這些工程師坐下來時，討論著還有誰在從事工程，往往發現那些年過三十五歲還在工地的，都已經不再直接管理。從天天接觸工人，轉變為辦公室的管理階層時，我們還是感嘆，工程環境的惡劣，終究浪費了我們的人生。

人定勝天

在工地現場，最難以預料、也最令人無力的便是天氣。無論任何工種，都有各自所擔憂的天氣狀況。普遍而言，有風和太陽、氣溫約略在二十五度的天氣，對我們戶外工作者最為適宜。

由於在工程現場施工的過程中，很難說服業主因為天氣影響而無法施工，因此，無論天候多麼惡劣難耐，往往也不會有延期的時間。加上包商是以做了幾個工程來計算賺頭，師傅則是以每日計算工資，少一天上班就少一天收入。為了養家活口，施工者往往盡可能冒著烈陽或是風雨來到現場。

工地現場其實是很辛苦的。戶外的鋼筋板模工往往要在現場烈日下進行重度勞動。那些鋼筋在太陽底下曬過，能讓人在一接觸時立即起水泡，板模工則是需要在這種時候負重切板，一整天下來，師傅們多半一到家就立即喝酒讓自己睡去，第二天再提早上工。連日勞動使得工地的師傅們皮膚逐漸變黑。為了散熱，在工地現場的師傅習慣了大量飲用冰水，上身脫個精光並且用水降溫。

這種狀況，對我這樣的工程師來說是兩難。

如果要求師傅們穿衣服加套上反光背心，在超過一定的氣溫時，光站在太陽下就受不了，因此若比照勞檢要求，所有師傅會立即收工離去。但是，要是放任不管，那師傅們會直接喝起啤酒來。

另一種做法是嚴格要求工地的午間休息時間，也就是鋼筋板模工從上午六點上工到下午六點下班，中間十點半到兩點半全員休息。但這也頗難配合，工地現場管理的大多數自己也受不了。

若是下雨、颳風，那又是另一個景象。

做室外防水和洗石、抿石的師傅們最為感嘆的，就是下雨時刻。下整天的時候，只能乾脆全部的人釣蝦去。但若是不確定的雨，鷹架上的作業就開始緊張，施工的師傅們假如被進度壓著，只能硬著頭皮上架硬做。要是遇到豪雨、大雨，也只能各自找地方躲藏，身上有衣服的脫掉擰乾，沒有衣服的也要減少吹風。

等雨停後前往收拾，泥作哀嘆只能刮除被大雨破壞的重抹，瓷磚的則是跳過水漬而做。所有師傅的工作都因為天候而受影響，一場大雨所造成的積水，也令開挖底部的人們抽水不迭，開挖面陷入無比泥濘。若是在冬天的淡水或中壢、新竹，那更為嚴峻，下雨配上大風，能讓這些地方的氣溫遠遠低於氣象預報所講的，林口則是可能陷入大霧之中，使人無法辨識，險上加險。

我常因為淋雨和過低的氣溫而頭痛，許多師傅也如此，只是他們習慣用米酒和普拿疼來減輕自己的痛楚而已。鷹架的承包商則是要到場巡檢，深怕一個強風後，整個鷹架崩塌。在颱風前夕，則要將所有的防塵網收拾好。

不得不提的是，工人身上的異味，其實往往是衣服黏在身上後，濕了又無法乾，整日下來所造成的結果。無論是夏日出汗或雨季淋雨，這種身上衣服無法乾的情況，造成我們這些戶外工作者總是一身黏膩汗味，令人掩鼻止步，這也是我們工地現場在流汗後，死不肯前往較好的餐廳吃飯的一大原因。

天氣熱到受不了時，我們總會想偷溜到一邊去納涼，師傅們心裡也知道，拉著現場工程師就去看工地，東問西問惡戲地想把人熱死。或者是在天冷之時，硬要拉著現場的到工地確認施工狀況，試圖讓這些「坐辦公室的」在惡劣的天氣狀況下，承認師傅們的耐力和辛勞。

這招極為有效，我到現在還是運用從師傅們身上學來的這個技能：到了工地現場，先帶著業主走一圈工地，累死他一頓再說，這些平常坐辦公室的立刻氣喘如牛，渾身無力地宣告不支倒地。這時候再來談進度或施工，我總是比較占上風。

真正在工地待久的總會找出一些生存之道。熱得要死的時候提議叫手搖杯，冷到令人發抖時就先去找燒仙草。如果是荒郊野外，那就在酷夏拿鋤頭耙開樹的周圍。有個師傅就是有能力發揮極大的生活智慧，不知道從哪裡搞出吊床，然後點起蚊香款待我這個現場的「躺下來睡午覺」，等我的鼾聲做為最佳的讚美和說嘴的本錢。若在冬日，那就燒柴取暖，甚至烤起地瓜、香腸與君同樂，畢竟有笑聲、有食物的地方，至少心不會冷。

只不過，這只是苦中作樂。極端的氣候壓倒的永遠是最為底層的人。鋼筋板模工往往因為裸身工作而過度曝曬，在年老時皮膚又黑又硬，有的則是起了硬塊，黑硬無毛的皮膚幾乎不再出汗，嚴重老化。另一些人穿著衣服，則是在脖頸之間與腋下、胯下周圍，長起濕疹，通常藥膏亂抹一通了事，久不得醫，甚至長出濕疣。我曾去皮膚科診所一次用電燒刀切去七顆濕疣，之後到夏天時再也不穿有袖衣物。但隨著醫美診所的興起，皮膚科診所紛紛轉型為醫美，用果酸、杏仁酸換膚和美白雷射經營。這些師傅們說，就算洗好澡過去也都感覺不對勁。大醫院更是難以掛號，安排治療。

女工則是擔憂曬傷。女性的身體若是直曬陽光，較細的皮膚往往受不了曝曬而開始紅腫，過不多時便容易中暑，也擔心皮膚長斑。工地常有全身包裹的女工，就是出於

明都科技
明都科技

此。男工另外有燒襠問題，由於整天工作，褲子內部濕透的結果加上勞動期間過度摩擦，在胯下和大腿內側長出整片的癬，又癢又腫。

我們往往在施工進度和工人安危下掙扎求生。一方面不希望工期過於緊逼，適度讓施工者至少週日能夠休息，以免工人們勞動過度而倒下；但又苦於工地現場進度常受到不可抗力因素而延後，難以取捨。那些坐辦公室的高層經營者總拿出一些「多少多少年以前如何刻苦耐勞」的講古，來要求師傅們不要休息，以進度為先。這種嘴巴說兩句話就能壓榨他人勞動、剝削他人的事情是如此容易，這種自以為聰明的行為又是如此失智而廉價，然而，卻在真實環境中接連上演。上面的這麼說著，要求下面配合，又因為以合約計算，早做完早賺，師傅們往往也因為生活壓力而配合，撐到不能再撐為止——過度勞累的結果是隨機的傷痕，而變形的關節和手指，再也無法做某些動作和姿勢。

所以，那悶在鞋內的香港腳、胯下的癬片、脖子周圍的濕疣和腋下整片連續濕疹所留下的黑斑，還有變形的手指和隨處傷痕的身體、乾黑的皮膚，以及早早模糊不清的視力，成了勞力工作者身上共同的印記。

每當工程完工時，便會看到穿西裝坐轎車來的人，與穿上整齊工作服、戴安全帽的人一同上台剪綵。他們朗聲說著如何風雨無阻，又如何克服環境，說著從某個不知名的智者先知（通常是公務員或研究機構的計畫）開始，接著是某個大有能力的人在克服一切人間最困難的環境後推動，又經過某個有錢有勢的偉大人物精心投入後，終於在這個時間完成，「證明我們的人定勝天！」然後在鼓掌歡呼中，這些如同希臘神話的天神排成一排拍照，接著呼嘯而去。我會帶著在這片工地長期清潔環境的雜工前去收拾這些大人物們的垃圾，分類妥當，等著表演舞台布展公司的人來把剩下的道具帶走。

然後，我會習慣回頭去找那些剩下來的師傅，提「一組」去，坐在不遠處的小吃攤或福利社，和那個終於可以休息的雜工一起，為著工程完工，用保力達B一人敬上一杯。

賊頭大人

有件事情讓我印象非常深刻，數年前有天，中午下工時，「油漆嫂」向我借機車要去買便當。機車借給她後，她居然買了快一個小時，才一臉垂頭喪氣地回來，欲言又止地看著我，手上拿著一張「舉發單」——我的機車沒有定期做排氣檢查，而環保局剛好看準了這一帶在擴大檢驗。油漆嫂的丈夫因為等不到飯加上被開單，兩人就這樣吵罵起來。

同天工地遭竊，水電師傅的白扁線被偷了，工地一整天罵聲不絕，原因是警察面對那被派去報案的年輕學徒，既沒有拿出報案三聯單，也沒有到場，就這樣草草了事。我直接打了電話給一一〇，說明地址並留下我的手機號碼後，坐著等警察到來。沒多久兩個警察到場，我將失竊的物品名稱、數量寫完整後交給警察，帶他們前往拍照，並且告訴他們可能的入口，接著騎那台剛被開單的機車前往警局做筆錄。

我回來時，聽那年輕的學徒說，警察面對我的態度和對他完全不同。對待我時，有問必答，對待他時，則顯得非常不耐。

師傅們拿著我帶回的資料，依然忿忿不平地說：「就是欺負我們做工的！」「賊頭敗類！」「一張不知道抽多少！」

大家飯也沒吃地嘔氣了一個中午。當天下午下班時，所有的工人都依然憤怒。嫂子和油漆哥言歸於好，夫妻同心，齊聲咒罵無良警察不做正事，只知路邊攔車欺壓百姓。水電師傅們加碼抱怨警察不抓小偷，只開無聊罰單，詐錢以求獎金。各個工班特別推舉一台新車去「探路」，看那些警察還在不在。

油漆哥先到旁邊的機車行驗車，和環保局攔路的結果不同，一驗就過。他忿忿不平：「為什麼同一台車，到不同地方驗的結果會不同？」拿著檢驗過的行照後，這種「搶錢」的指控證據又加了一筆。

但半個月後，我還是自己繳了那張等同於這個女工一天薪資的罰單。

那時我還不像現在這個樣子一看就是個做工的，多少還像個剛畢業的。

那是我第一次驚覺在工人的世界裡，是如何地不喜愛「警察」那些公權力。這些勞工們「瀕死不做賊，冤死不告官」，寧可遠離國家的公權力。但現在看來，其實警察頗為無辜。在環保局的路邊排氣檢驗中，警察充其量是被拉來幫忙的。若沒有這些警察，環保局的那些弱雞站路邊攔車，沒被打就不錯了，哪有可能讓人乖乖簽名被罰錢。正因為有這些警察，環保局的人才可以執行這些業務。

但工人根本不可能理會，直覺認為是警察押人扣車後，烏毛地說車子老舊而開罰單，這種欺負窮人騎舊車的歧視簡直不可原諒，接著就是一陣痛罵警察，主事的環保局反而沒事。罵人免費又紓壓，且身邊的師傅們接連痛罵特別帶勁，不但舒服、快樂且群體療傷共榮，好像東西被偷、被警察忽視以及被攔下來開單，都沒有那麼痛苦了。這倒也讓工地現場有了相同的世界觀：「警察是壞的，會欺負善良老百姓」。

這種言論至今未歇，並且隨著時代演進而有所改變。

前兩年，有一陣子流行的是用台語問話：「哩做兜位ㄟ？」只要是坐在工地圍籬旁邊的工人，幾乎都有被警察問話的經驗。那時候的警察目標是逃逸外勞。工地師傅、工人們添油加醋地說警察對外勞如何蠻橫，外勞如何可憐地躲在草叢裡也被拖出來關。也因此，大家開始同情這些移工。

但現在工地最流行、最多人罵的，已經不是環保局愚蠢且奇怪的排氣檢驗了，而是「逢工就攔」的酒駕檢查。幾乎所有的工人都有這種經驗：只要穿著雨鞋、騎著機車，並且臉色或黑或紅，衣服看起來像是做工的，警察就會特別跑來問有沒有喝酒。上午問，下午問，也還真的有一個、兩個被抓到。

我也遇過被抓了大方告訴我後便入監去的，畢竟沒有錢也贖不回自由，算了一下現在天氣不是太熱，乾脆就進去蹲個幾天省錢算數。在要入拘留的前一天，師傅們依然痛罵著警察，幹譙國家制度欺負弱勢的做工仔人。

理所當然地，出來之後大家遇見他，在三杯保力達B下肚後，一樣是罵賊頭王八，欺壓善良。然後他用當兵時代吐槽長官的口吻，說出在拘留所裡如何吐槽到警察說不出話來：「我就問他啊，人肉好吃嘸？」其實我私下認為應該是獄卒不想搭理他。

就我所見之處，基層工人分不大清楚警察、檢察官、法官以及監獄系統有何分別。這些掌握權力的都叫「大人」，由於警察是他們看得到的，可以立即性地給予威嚇，並且管的是賊，又因為「察」字的台語發音近似「賊」，他們也就稱警察為「賊頭」。這是工人階級和公務員系統的不同之處。工人們根本搞不清楚，也壓根兒不想加沒必要搞清楚這些官的差異。總之，看到警察就躲遠一點準沒錯，這樣的觀念深植已久，到現在還是會嚇吵鬧的小孩「會被警察抓走」。

當然回過頭來，警察並非真的是「賊頭」。我們的國家給予警察不可思議的混亂業務，只要是和公部門有關的業務，無一不要求警察到場。做為執法和廉價保全的結果，就是一旦發生衝突，所有的公部門擺爛離開後，徒留警察在現場面對憤怒的民眾和接連而來的不滿。這些警察不見得真的理解自己在做什麼，只是命令如此，跟著照做而已。

也因為如此，「賊頭」從來不會試圖了解我們。在警察之中，多的是學長告誡學弟如何預防工人喝酒後亂鑽亂跑。當然，我們基層勞工也從來不想了解「賊頭」。

我還記得一個畫面，那是在約略兩年前，我看著一場車禍後，三個警察在大雨中疾駛而來，連摩托車都沒來得及架好就立刻撲倒在已經不會動的年輕人身上，隨之立刻嘶吼著要求無線電派出救護車。警察們沒有穿上雨衣，在全身淋濕的狀態下指揮交通，等著救護車將人載走，又等著一對夫婦哭泣前來，護送他們上了另一台警車後，才默默地將機車移好騎走。從頭到尾，他們都沒有穿雨衣。我看到的唯一一把雨傘，是從後來到達的警車中拿出來去替那個近乎昏厥的女人遮擋。

由於社會對警察這個群體的期待，使得警察在配合其他單位時，每每顯得木然而呆滯，活像一群殭屍。但如果涉及警察專業之時，那份專業所賦予的信念將變成堅實而強韌，令人無法不尊敬他們的表現。

警察們的職業環境非常封閉，可以說是用最為過時、最落後的威權管理體制，去面對無與倫比的複雜社會，以及最為先進的犯罪手段。從事警察這行者必須學習到的最重要技能，幾乎都和一般社會大眾所脫節。又因為年齡限制，大多數的警察是連出社會都沒有，就直接進入警界。他們面對社會的角度和眼光，理所當然地受到學長及同儕

的影響，這種影響比任何我們這些勞工所能想像的關係都還要獨特，且具有隔閡。

社會需要警察交出業績。白板上的目標，年初、年尾各式各樣的專案，都需要數字的放大和更新。所以，當專業被數字壓過，最簡單的方式就是從弱者開始下手。有多年經驗的警察心知肚明那些隻身走入汽車旅館的人在做什麼，也不是不懂夜間的中山、林森北路有更多酒駕，東區那些「松」字頭的路有著數不盡的狂歡派對，但這些都需要值勤時間和更多證據支持。我們的社會只要求「數字」，警察們沒有足夠的時間面對律師，並且從來也沒有足夠且持續的輿論，做為保護警察不被議員、立委所關切的後盾。當所有評斷治安的績效都成為數字時，重劃區抓紅黑臉工人測酒駕、工業區問外勞、廉價旅館抓流鶯，成為增添數字最簡單的方式。

警察的眼光離不開我們：取暖的藥酒就是明擺的酒駕；用來幻想人生未來的數字組合報紙，每一張都是可能的聚賭證據；工地所拆下來的剝皮電線和分類的金屬，時常是竊匪的目標；那每一句提神和語氣無法切割的髒話，都可能是家暴的潛在因子。我們沒有理由不被他們關注。往往在他們前來巡視時，雙方用著完全沒有交集的對話去刺激彼此。

當工地現場的師傅說著當年退伍時要是轉警察，論資排輩可當局長時，那都只是老兵不死的胡亂吹噓。每個師傅都是嘴上掛著自己「只是欠栽培」，卻心知肚明自己大概連考試也過不了。

而當警察甚或軍人說離職、退役後，隨便也能找到工作時，也都實屬唬爛，習慣了警察的穩定收入後，中途離開警界的人往往等於放棄所有資歷，一切重新開始，過去身為警察的身分反而成為包袱。有點資歷的，選擇也多不到哪裡去，警界以外的朋友並不多，離職後能幫得上忙的更少。別有企圖的「朋友」，或許就拉著這些警察到特殊行業當個安全主管，或乾股門神，等著年輕的警察學弟來時閒扯一番。夜店、旅社、護膚館都上過這類新聞，這更增添了現職警察的無奈。面對社會的指責，只能拿該員警「過去表現優良無異狀」、「個性樂於助人」這類說詞來敷衍。

警察體系中最大的問題就在於此。自始至終，警察們在面對社會的質疑時，少有人真正覺醒而著手改變。他們將自己年輕歲月投入的信念，轉變為對於體制忠貞不二地擁護，也就不再容許外人質疑和援助。沒有了內部監督機制，使得警察一旦醜聞纏身，總要等到又有殉職者時，才讓社會大眾驚覺對於警察政策的疏忽。總要再死幾個警

察，才有人願意去質疑，也才有警察敢真心說出自己所缺乏的裝備、關注、人力和鼓勵。

我只是厭惡警察拿「擔心警界倫理秩序」做為反對改革的藉口，更痛恨警察們知法犯法，卻對於自身職場環境中，惡劣待遇的沉默。

罰單

我看著一對在外牆砌磚的工人被開單。那女工年過五十，幾乎是要跪下來哀求環保局別開單。環保局的胖子威風八面，氣吞山河，一手相機、一手看板的，就是要他們吃下那張罰單。想想這是與我工程相關的事，趕緊跑過去跟一旁的人看熱鬧。

外牆砌磚的工作，往往需要大量水源，和水泥有關的工作都是如此。那對師傅夫妻正在做的事情是澆置紅磚。紅磚有一定的吸水率，若沒有在施工前先將紅磚淋濕，等到砌磚時，水泥砂漿會因為紅磚吸水而乾縮，造成磚與磚之間的水泥砂失去膠合作用，黏性不佳。

想當然耳，澆置紅磚一定是用水淋在紅磚上，或用水管、或用水瓢，總之要讓紅磚吸到水才行。這些清水帶著紅磚上的灰塵流上人行道，又流到水溝裡，這就歸市政府環保局管了。跟公務員說這些是沒用的，我的工作經驗是吃下一張一千二的罰單，對公務員表示事後會用水車洗淨，通常也就沒事。我納悶的是，怎麼這次事件弄得如此之嚴重？

走近一聽，旁邊的人七嘴八舌地說著：哪有家裡外牆損壞修牆要開六萬的道理？環保局的偉大公務員則一邊打著電話，一邊甩動相機。男師傅約略六十歲，呆愣愣地站在原地。他的女人一下哭著把頭靠在他身上，一下又回過頭來看著這個環保局的，眼神之犀利，似乎要記得仇人的臉。

看了一陣熱鬧後，里長和警察都到了。警察倒是一臉無奈地覺得「干我屁事」，只是要這對夫妻簽名收下罰單。那女人堅持不收，索性坐下，要警察「抓我去死！」環保局的表示，這兩個刁民再這樣下去就是妨礙公務。

WHALE FANS

此時，鄰居們紛紛走了出來，圍觀者愈聚愈多。我在旁邊聽了一陣後，忍不住大聲說：「這種事就是開一張兩張一千二的，哪有要開到六萬的道理。」

環保局胖子似乎聽到了，惡狠狠地說：「這是事業汙水，一張罰單就是六萬起跳！」

我原本想接話的，突然從對街的洗車行衝出一名正妹，腳跨紫色炫彩YAMAHA QC，頭戴武川紫金蔥豹紋安全帽，機車腳柱一踏、帽子一脫，洗車行女俠就指著環保局的鼻子大罵：「死胖子你他媽欺負人！死臭俗仔啦幹拎娘咧！」

這女孩大約只有二十歲，體重應該不到眼前環保局胖子的一半，但豪氣干雲，氣吞山河。警察急前來拉開她，警告她不要妨礙公務。洗車行又跑出兩、三個人，還拉了對街賣吃的喝的，群眾開始鼓譟定調為惡官欺民案。也因離這些人愈來愈近，大家話愈說愈難聽。

警察的態度倒是軟化了，一開始對洗車行女俠用警告的，這時則安撫她不要說這麼難聽。泥作女工跑去牽洗車行女俠的手，兩人惺惺相惜了起來，你一言我一語地說「我家也是做土水的」云云。

街坊愈聚愈多，終於，里長出面主持公道了，跟環保局的說：「這是因為颱風把樹吹歪了，屋主請人把圍牆重新整修，不過就是些水而已。你說這些淋紅磚的水是能怎麼髒？如果要髒，那這些路樹、落葉豈不更髒？開個勸導單，叫他們記得把路洗乾淨就是了。」

左鄰右舍都說合理，洗車行的人加碼說：「本來就是如此。你環保局的洗地都沒我們洗車行做得乾淨。」

但環保局的死不願意。

我在旁邊起鬨說：「這是年底拚業績，專門欺負百姓。」

這句話似乎起了作用，警察不爽地叫我不要亂講，但那些洗車的、洗菜的紛紛說出他們被開單警告、欺負的經驗。環保局的聽到後更不爽，還打了電話要其他人來。

這時，洗車行女俠要泥作師傅他們開車快逃，又被警察勸下。女俠繼續挑釁警察：「抓我啊！」

環保局的車到了，走下來了幾個秀氣斯文、說話輕聲，還戴著全新安全帽的年輕人。眼見現場圍了十餘人看熱鬧，並且對環保局頗為不爽，這些年輕人顯然有點害怕。警察依舊要大家說話別太誇張，偏偏洗車行的幾個年輕人繼續嗆聲，還作態要拿出身分證給警察盤查。

眼見情勢不對，環保局的最後總算妥協了，表示要開出一張一千二的罰單。這時，洗車行女俠又大叫：「你憑什麼開單！」雙方再度僵持了起來。

環保局的胖子一臉不爽，洗車行的幾個年輕人又開始對他嗆聲。照例，警察又跑來要他們別挑釁。

最後在里長好說歹說下，泥作師傅簽了一張一千二的罰單。警察要環保局的拿了罰單先走，等到他們離去數分鐘後，又勸說現場的眾人別挑釁等。洗車行女俠斜眼瞪著警察，一副「我懶得理你」的樣子。

群眾慢慢散去了。

女工在旁繼續叨念著：「垃圾政府賊仔政府……」

這是我印象最深刻的一次，在現實生活中上演的開單場景。

隔半年後，我倒是真因為公司吃下了一張六萬元的罰單，而去參加了一場莫名其妙的講習。

美其名為講習，實際上根本沒人在聽。在這個有智慧型手機的時代也不用給什麼面子了。台上環保局的高官講師眼看說啥都比不過「神魔之塔」，只好來問大家：「為什

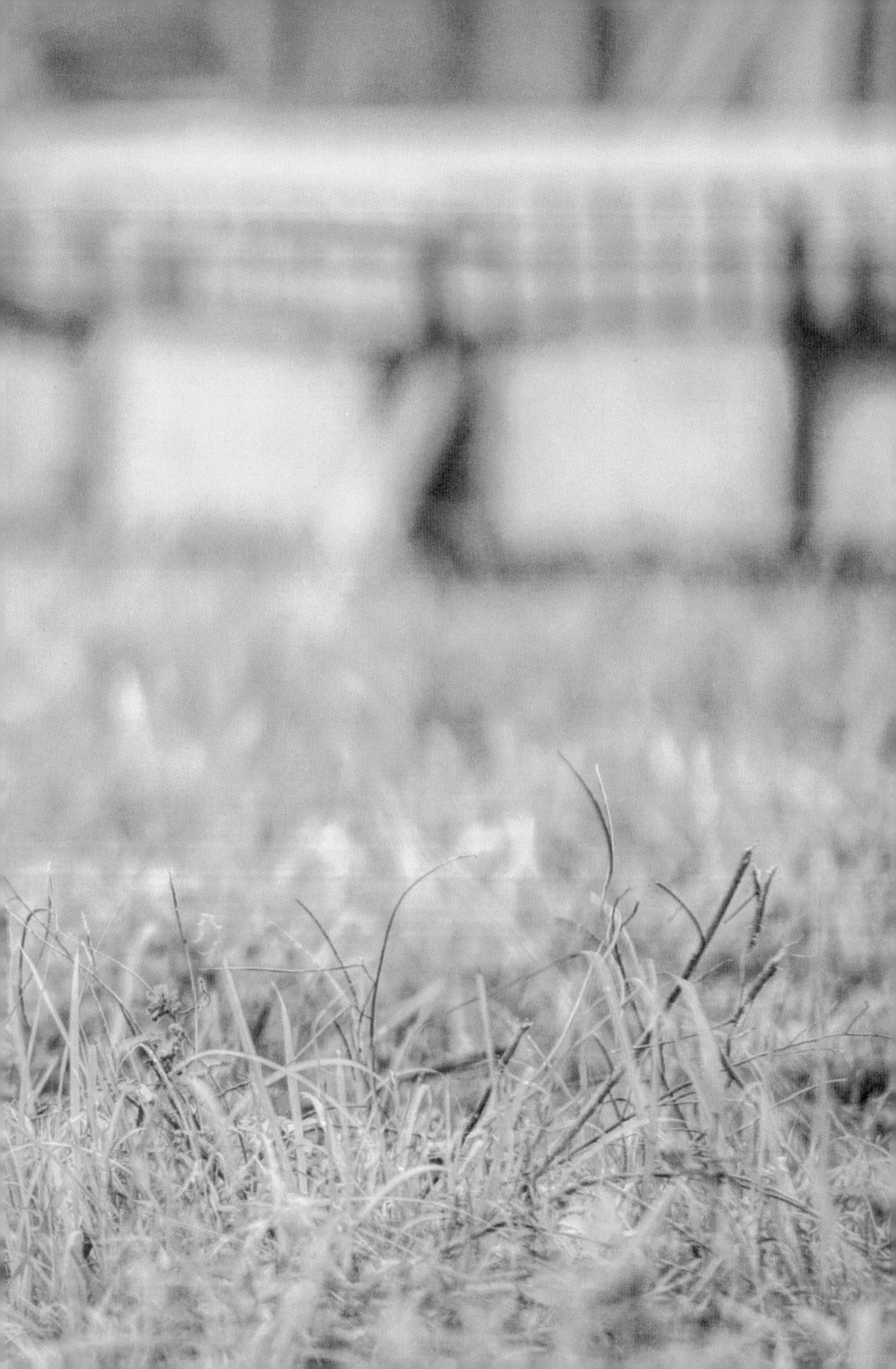

麼被開單呢？」

我那時是因為施工的泥漿流至水溝而被強硬開單，環保局的擺明了就是欠業績。講師聽了立即顧左右而言他，扯起應該訴願云云，對於欠業績、找麻煩隻字不理。旁邊另一人則表示因為接連下雨，工地旁的沉沙池滿出來了，也遭開單。講師依然說要在指定期限之內訴願云云。

這時，旁邊一名女子直接嗆聲：「啊幹就是沒用啦！快點把名字簽一簽放我們回去賺錢繳罰款。」倒是引起了大家訕笑拍手。

我的意識形態中，「罰單」這種東西不存在什麼公務員「依法辦理」值得稱讚的價值觀。在社會底層，許多罰單在我看來只是欺壓弱勢的工具。

曾經在一處工地門口，有一對開小貨車賣皮蛋瘦肉粥的年輕夫妻，他們早上賣粥，下午賣飲料，標準地靠著周遭幾個學校生活，但在收費停車格內擺攤營業要被開單、在黃線被開單……走到哪裡都被開單。最後的方法便是一個人吃下所有罰單，接著給扣住名下所有資產，如此而已。

這個方法來自於不遠處賣雙胞胎的，也經過香腸攤認證有效。反正人總要找到活下去的方法，也好，台灣的警察畢竟不是中國的城管，小攤小販的貨物還不至於被沒收。工地周遭的攤販都是如此。

總之依法辦理，依法辦理，依法辦理。

至於工地本體則是我們這些工程師聚餐的話題，互相比較誰的工地罰單多，誰的老闆找了議員一口包下所有罰單，誰又被抓去上課發呆。或者聊灌漿時需要連續灌漿，但路權申請不能連續，開罰！工地門口有不明人士遛狗拉屎，開罰！下雨時，工地金屬鏽蝕的水流入水溝，開罰！總之萬事皆可罰。我們這些人早就臉皮厚到習以為常。我們在公部門面前打躬作揖，惺惺作態地打發他們，回過頭來在背後罵他們走狗、王八。灌漿中斷可能讓結構受損，但路權無法連續申請，這些公務員畢竟也只能裝死擺爛而已。

可是在工地完工以前，我們是絕不敢反擊的。閻王好惹，小鬼難纏。這些公務員若是真的發毛，我們工地可是沒得逃。沒有人禁得起連續開罰，也沒有人受得了天天督導。只不過，公司往往能夠承擔這些罰單，我們工程師也往往只是被公司責難一番而已。但那些攤商、那些小工人在收到行政執行的命令時，是真的恐懼萬分，前來找我們求助哀告。

那種直接找人開單的，或許還有吵鬧的機會。但有些是什麼eTag晚儲值被連續罰款，有些是十五年前被竊的車來了未繳稅的罰款。這些罰單在我看來都極為莫名其妙，不過在公務員他們那美好又規律的世界裡，一切如此理所當然，一切如此依法辦理。

我始終不知道要對這些罰單說什麼，但說了大概也沒什麼用。一如現實，我們什麼也做不了。天要下雨，官要開單。生而為奴，逆來順受而已。

什麼也做不了。

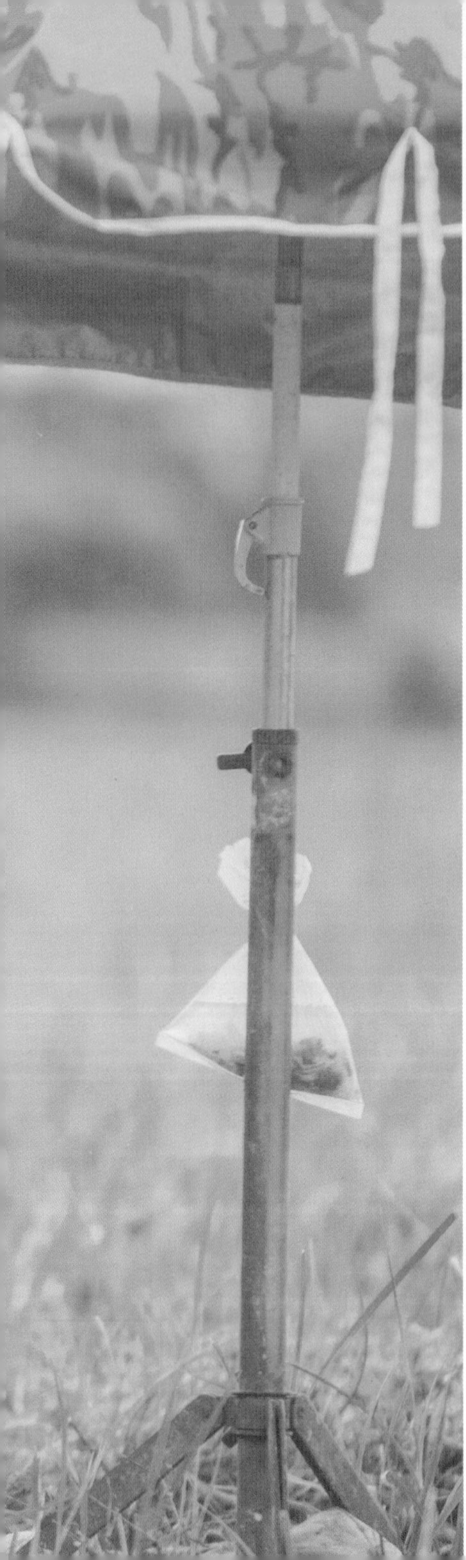

愛拚

進修部

以前剛去工地的時候，有一次，常配合的水車司機換人了，向新來的水車司機問起，他說「去進修了」，當下我還以為水車駕駛需要定期上課換照。

●

後來才知道，工地所謂的「進修」指的就是坐牢。

工地「進修」的原因很多，公務員也常被約談。反正只要有工程案，從垃圾飛出圍籬外到偷工減料被抓包，多多少少都能查出一些或大或小或無聊或真的缺失。至於大到多大，小到多小，從來就很難說得清楚。有時候是真的該死，有時候是檢察官無聊，有時候是純粹被掃到颱風尾，當然，懂得保護自己的公務員們大多數在約談幾次後就沒事。

只是在工地現場，常常是真的被抓去關的，有的其情可憫，有的不明就裡。工人們對於法治的理解程度往往不足，有時候實在也難找律師，在一些證據確鑿的狀況下，也就笨笨地認罪了。

比較有意思的幾個案例，其實說穿了也就是法律知識不足。

我記得有一個粗工表示自己因為出外工作，老婆跟人跑了，走的時候，還把戶頭空的存摺、印章拿去賣人，賺得五千元。等他兩年後在路邊買檳榔時，才發現自己遭到通緝，被依詐欺洗錢共犯抓去蹲了半年。

其實這沒啥問題，讓他憤慨的是，到了監獄裡面才發現有人是自己拿去賣，而且第一次被判緩刑，第二次才因為又被抓而入監。之後他每每說到這事，就認定法院判決不公，因為那人是在便利商店工作，感覺比較斯文。他認為早知道就自己賣，還有五千可以花用，對此認定是政府欺負他，直喊著要關他的話，至少也要給他五千。

有時則是鋌而走險。曾聽過開貨車的司機，接到電話說要他載垃圾去倒，但那指定倒垃圾的位置隱密而難行，等到傾倒完成，倒是領了現金。然而隔沒幾個月，警察們依監視器查出司機在水土保持地傾倒廢棄物，而且那些碎石原來是爐渣。由於已過了數月，手機號碼早已洗掉，不管再怎麼聯絡也都聯絡不上，他只好忿忿不平地去坐牢。那幾個月內，他用他破碎的文字寫陳情書，翻每一座監獄都有的《刑法》，拼湊出根本沒有人會接受的陳情信件。想當然耳，直到刑滿出獄，都沒有人回信。

這些案件無論如何都是罪證確鑿。而這些口笨舌拙，完全不知道什麼該說、什麼不該說的工人們很多連傳票都沒收過，直到在路邊買飯買菜時，才發現自己被通緝了。接著到處問人，就是沒花錢去找律師，等到判刑下來再被抓去關。

這也就是「進修部」的由來。沒有被關過的工人，和被關過的工人，在法律議題上的態度往往完全不同。

被關過的工人，對於社會的黑暗面理解更深，畢竟同房室友聊上一陣，也就立刻清楚法律問題。沒有什麼法律見解會比活生生被判刑的人在你面前憤恨不已地罵官，更能讓你質疑司法不公。有些人在被關的期間，每天就是看著自己的自訴和判決書。

他們因此對法律再也沒有信任，反正無論怎麼比，這些學歷低的勞工本來就不在保護之內。他們倒是在監獄裡面補課，慢慢地建構他們對於法律的架構和看法。有些是金句，例如：「有錢判生，沒錢判死」、「法律只保護懂他的人和請得到律師的人」、「窮人參政衝第一的原因是，出事可以說是政治迫害」。有些則是未經證實的傳言，例如：請立委關說，可以有特殊的方式救濟成功；一審沒用，二審可以開始準備紅包給法官，抗告到三審時，要盡量塞錢改判決，等到更審出來才有機會——這還有理論支持，因為一審的法官年輕不敢收錢，二、三審的法官資歷老了，出事還有同學、學弟、朋友罩著護者，所以才有信用，才有資格去改判決。

這些「進修部」出來的，對於司法的不公平已有定見。反正中華民國的司法本來就沒有公平過，在監獄的期間，更讓人有如此體悟。

所有進去過的人都告訴我，要用各式各樣的方法打通關節。沒有官員不貪汙，尤其是掌管獄政的：獨立系統，獨立作業，比警察圈子還小，比軍人圈子還窄。只要夠有錢，進去一樣會有好日子可過。例如辦個抽獎活動，也得讓獄卒家裡抽中才是上道的好方法。我從來搞不懂這些抽獎活動有啥意義，但他們似乎對此茅塞頓開，從他們發光的眼神看出，那是一種深信不疑。

他們對監獄生活的印象有多深？你可以看，等到出了獄，在你面前連幾月幾日第幾字號第幾庭都如數家珍地背得出來。除了背出判決之外，他們往往在監獄中花上大量時間背那教化的經文。許多出獄的師傅能完整背出《心經》、《大悲咒》已不在話下，甚至基督教也通，我也遇過能同時背出《聖經》裡〈登山寶訓〉的師傅。能在工地現場默背這些佛經的，其實往往是「進修」過的，在那段時間中倒背如流。只可惜，這些經文在他們眼裡起不了作用，只是帶給他們對於人生更大的幻滅。每個人都告訴我，宗教就只是把時間往後延，只要有審判的地方，不管判官是叫「耶穌」還是「閻王」，打死也沒人信那會是公平的。

這樣的結果很悲慘。司法對他們極為嚴酷，請不起優秀律師的無權無勢者往往被法官羞辱，這樣的感受轉為對國家社會的不信任以及憤恨，如此所得的法律觀點也往往偏頗，難以挽回。他們在牢內有很長的時間彼此認識，往往給予出獄後「互相提拔」的承諾。這些承諾可能用不到，但許多人用到了也未必是什麼好事，也就又回來了，直到再也無法入獄，或是再也不說、不提這段經歷。

他們往往防衛心極重。被殘酷對待的人，往往自己也會變得殘酷起來。說話毫不加修飾，也不大存錢計畫生活，反正社會已有標籤，在「進修部」學到的技能也不知道何時會用上。這些人通常罰單也不繳，稅金也不納，弄台三萬里程以下的代步車後，辦個eTag到處衝啊跑啊。

上流社會的人坐牢後，還有一群人願意接納、保護，這些基層者，回家時可能妻離子散，連家中來接出獄的人都沒有。那又何必照著社會規定走呢？久而久之，他們也不大能清楚表達，只知道現金在手保護自己最好。他們對著國家、警察，以及這個社會是有恨意的。

當然，跟他們必須有一定的信任基礎後，才能慢慢知道這些憤恨的原因。有權有勢者

往往有更好的辯護團隊，更多的法律攻防。而這些傻傻的工人往往什麼也不知道，傻傻地就被抓去關了。等到出獄，發現再也不可能取得良民證，很多工作再也沒有他們的機會。

因此，工程人力派遣公司常常也有專收更生人的，只是這種公司往往做不久，人力公司的好工人都會看有沒有機會能被其他師傅相中，免去被抽成的可能。

有些人在工地是能適應的，終究學得技能留了下來，成為「半桶」或是師傅，逐漸忘卻過去，重新開始。但更多的人沒有這樣的待遇。許多工人難以忘卻監獄的羞辱，又因那段時間而無法求得更好的待遇，人生四處碰壁之下，找回獄友，尋求其他謀生的可能；接著再被抓進去。反反覆覆地，成為真正的專業犯罪者，犯罪餬口、逃亡被抓這種輪迴反覆上演……直到再也出不來。

我只有一次，在進場施工一陣後，發現一個施工品質甚佳的師傅出了問題。那是因為公家案件需要送交人員名冊，我因此得知他因酒駕被發布通緝。當天我結算了他的工資，並告訴他，我不能讓他再進場。他懂我的意思，道了謝直接離去。兩天後，警察到場撲空。我再也沒有見過他。逃亡是弱小生物的活命本能，超越人類歷史。

我在工地學會不問他人過去，即使我知道也不要過問。除非他們主動提起，否則只要工作能夠做好，這些私德和過去的經歷對我而言不重要。

我也曾經經手一件軍方工程，當軍方表示，我的工人多有前科，希望全數驅逐出場時，我告訴那名軍官：「這些人在這裡工作正常，毫無問題。如果我因此而將他們驅逐，那他們要以何為生？」那個軍官愣了一陣，之後沒有再提起。我的工程一直到結束都沒有什麼問題。

我常常在想：如果那軍官堅持施壓，或是我受不住壓力而把這些人趕走，他們在這種狀況下，會不會又去「進修」？

這些更生人每每都告訴我，只要人間有監獄，地藏王菩薩就永遠成不了佛。我至今無法回應他們。聖人不死，大盜不止。

我曾經想過，我們的社會有罪，因為我們讓他們犯罪；這樣一來，創建並且支持社會的我也有罪。可是後來想想，覺得這樣的想法太痛苦了。改革社會需要整體人民關心司法，堅守程序，但無論怎麼做，社會的正義還是針對性地選擇對象——要嘛最弱最窮，能得到知識分子關注；要嘛最冤最錯，能引起政治鬥爭；或者最凶最惡，來支持我們的現有司法，繼續掩蓋我們的社會殘酷。

然而，我身邊的這些人其實真的不是什麼大奸大惡之徒。我最常遇見的是在沒有工作時，賣身分證和存摺，或者是幫忙跑腿送貨，這也是最常入門「進修部」的基礎班，並且往往被依法辦理。如此程序清楚、法條明確、責任分明的社會制度，讓整個社會安心，畢竟我們的社會還是需要一個「最終解決方案」。

當然，這不是我能面對的。幫助他們是基督的事，我還是順從地認定他們罪有應得，理應受刑來得好。反正十字架上的不是我。

關鍵時刻不認耶穌，會讓我活得輕鬆一點。

ALL DROP FORGED

透支幻想

如果要我說一個我在工地現場所留下的癖好，那大概就是「買樂透」了。只要當樂透頭獎金額達到一定數字的時候，我就會前往樂透彩攤，購買樂透。樂透這東西的設計非常簡單，總之就是買一組數字，然後等著這組數字和台灣彩券轉出來的球一樣。當一樣的數字愈多，那就代表愈值得開心。

在工地現場有這個習慣的絕對不只一人。樂透的入門門檻極低，但帶來的幻想極大，人人皆可玩，人人買得起。一組大樂透的入門門檻只要五十元。在工地現場可以說是最為親民又平易近人的「理財工具」。

我真心地不認為這種理財工具有什麼不妥。相較於每一陣子都會出現的連動債、認購上市前股票、績效型投資保單和生前契約等，樂透至少一翻兩瞪眼，不用擔心股票或是期貨的複雜凌遲。而與辦公室族群所投資的複雜衍生性金融商品相比，真正的勞工階級傾向於這種：投資一點點，就可以達到非常大的幻想效果。對，就是幻想。

也只是幻想。因為樂透具有人人可買的特質，樂透的真正價值，是在與朋友相聚時刻，坐下來「幻想」這張樂透的用途。這是一種極為低成本的話題：在工地現場和師傅們一起討論獎金的用途，這時候可以輕易地看出，每一組工班、每一個師傅的夢想和期待的未來。有些師傅所說的願望，我應該一輩子也忘不了。

有一對已成家的ALC白磚師傅，希望能在第一時間清償孩子身上所有的助學貸款，接著是房貸，還要到有拖欠貨款的幾個供應商那裡去繳清貨款，然後帶著家人出遊。他們的目標是買一台CR—V的新車，然後夫妻倆到全台各大廟進香還願。之後買地蓋房，同時遶境祈願家人、朋友平安。

有一個還沒成家的師傅，則是每次都嚷嚷著要去追求以前因自卑而不敢追求的對象；另一個則是將負債清償後，向喜歡的女人求婚。這兩個是活寶，當場就說好要如何擺設求婚場景，為此買一台CAMRY做為求婚的工具，再包下淡水「海風餐廳」，所有的客人包括我可以無限加點炒螃蟹吃到飽。這對師兄弟每個月領錢去按摩攝護腺，卻又無比期待手上那張樂透能夠滿足多年前的願望。

有個粗工則告訴我，他要清償身上數百萬元的負債，接著回故鄉祖厝擺桌道歉，迎回那已經久未聯繫的妻女，並且慷慨地向我承諾要送我一台雪鐵龍車，做為我當時每個月都借他三五百元吃飯的謝禮。他還曾在包有樂透的紅包紙袋寫上「狗富貴毋相忘」。但每過幾個月，都還是會請我匯個五百一千，供他在斷工期間吃飯之用。

另外有工人表示將要蓋一所診所，高薪聘請醫生專門醫治被鎖卡的窮人。還大方承諾將把我的名字刻在診所上方，讓我享有免費醫療。

我後來終於承認每個族群對於樂透的使用想像不同。也明白了那些每個月錢花不完還有所存款的階級是如何地幸運。他們不需要依靠他人的臉色即能擁有穩定的收入，並且是受到固定保障的生活。這也是為何中產階級及軍公教警，和我們這些勞工階級往往格格不入的原因——我們這些基層勞工階級，幾乎沒有享受到這個社會所給予的福利。和國家機器打交道的經驗不外乎是罰款懲處，和懲處罰款。

樂透的美好之處還在於獎號沒開完以前，任何的大話與承諾都有了一點點可能。因此那一張印有數字的薄紙，還能多少承載一點人生未來的可能。無論過去如何一團混亂、不堪回首，至少總能幻想一個有錢的未來。

我們想要戒掉樂透是不可能的。我們的國家對於弱勢者往往採取警告威嚇，而非輔導幫助。基層勞工自然始終沒有幾個說自己愛國的，因為國家也不愛我。

我們對社會根本毫無期待，只求不要再來找我們麻煩而已。對於未來，我們往往是奠基在與人的關係。若是為了身邊的朋友、家人，那願意無條件付出。但若是加上了「愛國」的大旗，那只會讓基層勞工拂袖而走。宮廟、醫院、教會、寺院的義工始終不缺，但這些人就是不打算前往警局、公所，其來有自。這也是為何，這些師傅們可以大方承諾讓我自選名車做為禮物，前往蓋醫院、興佛堂寺廟，但始終沒有聽過師傅們說要將獎金捐予公務單位。

我和他們一樣是勞動階級，但因為工作原因，這些人往往比我更不信任政府體制。因為政府真的不愛我們。

當然，我承認這些買來的樂透對我的現實人生毫無用處，充其量只是如同在腦海中的雲端城堡，或是那童話中燒盡後的火柴。但至少那張紙足以讓我透支幻想。

相信我，這種透支是人生現實中唯一一種，兌現時不會負債的。

再借一次

颱風來得又大又急，深坑的家這裡也無法倖免，只能閒散地在家看電視、玩電腦遊戲打發時間。這時候，手機響起一通陌生來電，我接了起來——是阿國打來的。他照例先問候我近日狀況，而最後總要問我，是否方便再匯款給他。

阿國每次要的並不多，一千元而已。偶然有一次遇到過年，多借了一點，但也不過就是兩千元。

達觀
甜柿
富有
達觀

WYNN'S

阿國過去是台灣人口中所謂「愛拚才會贏」的代表。國中畢業後就開始入廠工作，學得完整的整修技術後，整修老紡織廠的機械設備，就這樣開始賺錢。先是成為包商簽下維護合約，成了紡織廠的維護廠商。他說那時候他結婚成家、買房生子，一切的一切就和台灣當年那些學有技術的師傅一樣，日子愈過愈好。

接著，遇到台灣產業外移的時期，他以所習得的技術將紡織廠整廠外移，搭到了那時候的順風車，先是大陸，再去越南。一廠一廠外移的時候，他就換一台一台的新車，家裡堆有一疊一疊的新鈔，日子愈過愈好。所有的親戚都叫他「董仔」。他只開ＢＭＷ新車，並且在車前座下方放了數本千元鈔，一本就是十萬元，用來應付罰單。他說，那時候每天都有花不完的錢，親戚們每個人都來找他拜年。

只是，最後在整廠輸出孟加拉時，所有設備因為跳電而損壞。他背負的數千萬貸款就這樣硬生生地壓下來，財務完全崩潰。那時候，他想著第二廠輸出時可以打平，於是向親友借貸，包括那些地下管道，所有能借到的錢都借了，做為最後一搏。但再度搬去的設備還是跳電，第二次進廠的所有設備全數燒壞了。他再也沒有辦法借到錢。房子被拍賣了，全家在夜間躲債。

這樣過了半年後，阿國離家而走，妻子則對外宣布已經離婚了。

他就這樣走到了工地，成為工地現場的粗工。

年近五十才進工地現場，已經不是一個適合學習的年齡，他也沒有在工地立即可用的技能。會到這裡，只是因為工地不問過去，也只有工地還願意收留年近五十歲的人而已。人力派遣公司雖說抽佣極重，但至少提供了身體狀況還算可以的男人一個生活的空間。阿國在幾家人力公司之間遊走，十二年的日子，讓他的日薪從一千二慢慢增加至兩千整。這不是他不努力，而是一個躲債者盡最大努力也只能擁有的待遇。

日薪者永遠缺乏講價的可能。身上沒有任何錢，會讓人精神萎靡，也會回過頭來質疑自己的能力。社會最底層者，往往是因為貧窮加劇了原有的不平等，導致更嚴重的生活問題發生。每一次開口，幾乎都是考驗友誼的時刻。即使我再三告訴他可以打電話給我，但他每年大概只會打來三、五次，每次都是一千、兩千地借支。

想當然耳，從來沒有還過。他對家人有極大的虧欠感，一旦有錢就要先還給姊姊。大姊用房子抵押貸款，擋下最為致命的錢莊債務，每個月須繳還利息兩萬。無論他的人生如何拚搏，這兩萬元如同原罪。一天無法申請破產，整批在他身上及家族的債務就永遠無法清算，他也就一天無法翻身。他非常努力，一個月能做多少就做多少。最大的樂趣就是前往三重吃五燈獎豬腳飯，逛重新橋下的賊仔市而已。

和阿國在工地現場的相處中，我清楚知道了他的生活充滿法律上的矛盾。例如他無法取得駕照。他時常到廢車回收業者那裡購買一台僅要三萬的爛車，開車上路，沿路闖eTag免費，等到這台車哪天被臨檢，再通知廢車回收業者前來處理。他身上所揹的債務愈來愈高，罰金也愈來愈重。反正已經被法院查封房子，所有的行政追繳函件也就別管了。

在阿國這樣的人們眼中，所謂的「信用聯徵」這種東西只是給有錢人製造歧視的藉口。窮人根本借不到多少錢，信用額度更是法律上合法標籤他人的工具。這些基層勞工往往做著極差的工作。阿國如果遇到颱風、大雨，或是工地轉換期間，便只能找零工，或是借貸度日。

我身邊還有這樣的人，那是在萬華認識的遊民，他多次前來工地找尋可以做的零工，下工後就在橋下棲身，有時前往三重的廟宇洗澡、休息。但無論他如何認真，戶頭早已被凍結，所有的身分證明也已經破爛。

我借他們錢的理由，或許和自己從來也不大好過有關。至今仍是月光一族，也曾在出外工作時，急著要公司匯款或向朋友借錢周轉。向人開口借錢往往最為痛苦。痛苦的原因倒不是因為可能被拒絕，而是在開口前，那「怎麼會這樣」的無奈與悲傷，以及朋友或是公司不經意地問「怎麼這點錢也沒有」。認真探究後，根本就是無法改變的低收入或完全不穩定的工作導致，但穩定的收入往往是低薪。如我這種階級者，沒有支持社會結構的理由，終究翻身無望。

我明白，他們會選擇如此，可能終究是想循著社會的正常管道努力，為了養活自己而勞動。但這願望是如此卑微，工作是如此難受。我也很清楚，他們另外有一種可能，另一種走入社會灰色地帶的選擇。

當無論如何都無法負擔自己的生活開銷所需，而只能在路邊受人欺淩時，有些人的選擇是成為運送毒品、黑貨者。無論利潤如何被剝削，總與他們勞碌終日也沒有辦法溫飽好得多。我也知道，這樣階級的人最後很可能成為頂罪者：到市場或是各地去簽領罰單；賣出所有的戶頭提款卡，甚至身分證……累積人生最後的可利用價值，直至入獄服刑。

阿國人品純正，無論如何始終都堅持自己努力，即使他一個月收入大多僅僅只有三萬，也要先將其中大半匯至姊姊的戶頭。有些人很難想像他靠僅有的一萬元如何生活：一天僅吃一餐，早上只買一罐伯朗咖啡和一瓶礦泉水，等到晚餐即將收攤時，前往自助餐打包大吃特吃，隨即睡覺。隔天上午再重複一次如此的生活。

他曾在工地現場撿到數萬元鈔捲，所做的事是尋人問話，告知自己撿到了錢。

但他年歲漸大，我問過他未來打算，他卻笑說現在只是「度餘生」而已。健保卡鎖卡期間，他連膝蓋裡的骨釘也未取出。

工地現場多的是這樣的人：金錢不穩，健保被鎖，最後連見醫生的臉也沒了。

其他工人有些再借個一次後再也沒有聯繫，從警衛到雜工皆是如此。我也記不得這樣的借錢究竟讓我失去了多少。

其實我也不大想要去思考。

走水路

阿欽吸毒。

或者說，他只能吸毒。

阿欽是鐵工，全家以前都是包小鐵皮屋的鐵工包商，人們俗稱為「鐵棟」。

然而，從阿欽的父親開始，他們家的招牌已經變成一片白，實際上也無法再做鐵工了。自從中國的鋼鐵低價銷回台後，台灣的鐵工廠慢慢凋零。還有規模的，找上設計師和建築師往下游搶食工作，市區內的新屋或裝潢，全都被這樣的形態搶走了。像阿欽家這樣的小鐵工廠，只能修修舊屋頂。

阿欽兄弟倆還過得去。當初父親還在時，送他們去參加職訓的結果是擁有焊工資格，雖然接不到案，但至少是專業師傅。

台灣的傳統習俗，兄弟中有一人會留在家裡，以免父母無人照顧。哥哥阿祈留在彰化，阿欽則到雲林的大工業區和幾個包商的臨時工廠內，焊接鐵管和白鐵管。

焊工有職業生命的限制。首先是眼睛的老化。從事電焊的工人們，在幾年內就必須戴上有色鏡片。接著是夜盲。剛從業幾天，就可以感受到眼睛和眼皮中間似乎有了砂；再過幾年後，眼睛內就如同有結石般地難受。反覆發作的眼炎也使得焊工必須在工作和休息間取捨。但不做沒錢，阿祈就是這樣，撐到一眼全瞎後，不得不退休。

接著是爛肺。電焊的工作是用高溫將金屬燒固。金屬燒熔時的廢氣，會使肺部纖維化，焊工們在天冷時會喘不上氣，就算帶上支氣管擴張劑也未必能撐住。常聽說戶外焊工昏眩暈倒，就是這個原因。這些有毒的氣體，造成了工人的肺部受傷，甚至神經受損，又因為焊工的作業空間常必須蹲低爬高，保持同一姿勢以做到焊點位置的完整，血液的不循環也使這些病變更為嚴重。焊工的臉部、手部也常常嚴重脫皮，像是蛇爬過一樣，因為高溫燒灼。

他們的老父親走得很急，倒下去後，一週就在醫院離世了，說是血液中毒，心肺功能全毀。那時候的台灣還不流行葉克膜插管。

阿欽是進了這個廠區後，開始用安的。這個廠區無法容許菸、酒、檳榔，進場前還要酒測，但吸毒難驗。

他吸安後，工作如有神助。毒品最大的功效便是讓人忘卻痠麻癢悶熱，所以他能夠背負起完全符合安檢的護具，並且毫無病痛、耐熱耐重、做好做滿、眼睛不痛，長蹲起立後再也沒有暈眩。

吸毒的後遺症是變得只能專注於一點，這倒和阿欽的工作性質相符合。他的焊道又美又細，如同魚鱗般地堆疊，相較於其他師傅在細節上的土渣，他的每一個焊點都乾淨美觀，室內的氬焊更是焊出了淡紫色堆疊而出的弧形。這些成品被工廠內拍照後列印出來，做為驗收的標準。廠區內所有人都說他是第一流的優秀師傅，焊道滿鋪，動作確實，並且幾乎不用起來走動休息。

但這也引起了其他師傅的嫉妒。廠區內同做電焊的其他工人們，沒有幾人可以和阿欽有同樣的技術，加上他不愛交際，人們也就在背後說他搞得大家都沒好日子過。接著開始說他有吸毒，但這反而帶來了保護——廠區內的工程師們認為這些純屬中傷，畢竟阿欽的工作成果比起其他人，實在好得太多。那些高學歷的工程師總回：「你也去吸啊！」

這個廠區每年需要造冊列管，而且對於人員、機械的管制極嚴，由於阿欽卡死了電焊工的活，所有進場的焊工都需要經過多種測驗才能進場。現在這些資格比起阿欽當年考試時難上太多，有些不重要的部分，工廠甚至引進外勞幫忙焊。阿欽倒是對這些語言不大通的外勞很好，在他的觀念裡，有了這樣的技術就不怕被欺負，工廠也願意派個外勞在他身邊。

他也是少數人證合一，又都在現場工作的師傅。有些機械故障或設備損壞的外地包商只能找他。重新找人對這些工程師來說無疑是大麻煩，並且還需要重新審核。阿欽的電焊機、發電機、氬焊機以及氣體鋼瓶，則是每年都通過認證，在廠區內做為勞檢標準。甚至在掃具區內，他還有獨立的小隔間和充電插座。如此一來，工廠的人方便找他，他也樂得不用把設備拿來拿去。

他把老家工廠的發票帶在身上，廠區內的維修安裝隨時可開發票。另外，他幫人代工的每日工資是四千，夜間加班加倍，一個月約有十萬上下的收入，足以應付他每個月一萬二的藥錢，加每週召妓一次。趁著星期天休息，開著小貨車回彰化老家時，面對兄嫂，他不知道該怎麼辦，也只能多給點錢來換取家裡的寧靜。

哥哥阿祈在彰化老家，原先生活還算過得去，畢竟兩代累積下來的口碑聲譽，使得他雖然沒有每天上工，但修修屋頂、招牌都還能掙個四、五萬。

但阿祈的家裡愈來愈不平靜。他若是接了案，照顧老母親的整個工作就落在妻子身上；但如果不接案，那更沒有收入可言。阿欽明白，嫂嫂已經倦了。兩個孩子都在外地讀大學。婆婆已中風三年，老人的身體只有愈來愈差，讓嫂嫂連對自己的丈夫都逐漸失去了耐心。每一次，阿欽只能回家看看媽媽後給錢，一陣推託之後，總是硬讓大嫂收下，接著他回到工廠繼續工作，很累的時候就買安來用。

母親在中風後第四年離開了。沒想到哥哥夫妻在喪禮辦完後，因為老人家臨終前的疥蟲而互相指責，所有惡毒話語盡出，最後還互毆且鬧起離婚。嫂嫂氣得北上去找女兒，同時寄回離婚協議書。夫妻倆兩地僵持，誰也不讓誰。

這樣過了一個月後，遇上颱風季，阿祈受僱到廟旁的鐵皮屋上焊屋板時，突然就沒有任何聲音地倒下了。緊急送醫後，確定是中風——下半身、右手連同眼睛，都沒了作用。等阿欽趕回去時，嫂子早已回到家，和兒女們照料起阿祈。阿欽還是只能塞錢，大嫂這時候卻對他客氣了起來。

他們全家都知道，這不可能好起來了。

阿祈身體的所有病痛，在此時全部爆發開來，只剩一隻眼睛在白天有用。他有想過自殺，試過用枕頭憋氣，看能不能就這樣死去，但每次還是忍不住叫出聲音，拍打身邊的妻。兩隻腳全廢了，焊工長蹲使得阿祈再也無法控制自己的下半身，每次妻子為他換尿布時，他便開始說話糟蹋自己，也不想讓兒女看到自己的樣子。只是在病痛下，人的尊嚴一再被擊倒，即使每天吞下止痛藥，依然痛苦。他為小事罵起妻子，在夜裡夢見疥蟲而驚醒，卻又因看見妻子無奈的眼神而更加痛苦。他的體重逐漸減輕，手腳也變得愈來愈細。

●

過年的時候，阿欽回家了，他想著應該包個大包的給兄嫂，也該問問侄子、姪女的學費、雜費、生活費，是否能讓他幫忙。

兩兄弟總算有機會私下相談一番，沒有旁人。哥哥卻趁著這時候，用僅存的左手握住阿欽的手，慢慢地，擠出了一個要求……左邊眼睛還流著淚。

阿欽嚇到了，兩個月再沒有回來過。

當他再回來時，和哥哥談了更久。

哥哥的兒子準備退伍了，女兒再沒幾天就畢業了，妻子照顧了媽媽四年，他不要再拖磨家裡下去。他說，趁著他勞保還在，壽險也還有繳的狀況下，快點解決。

說著說著，兩兄弟只能哭。

阿欽對哥哥說：「你再等我一下。」

053

隔週，嫂子要北上兩天參加女兒的畢業典禮，阿欽回來照顧哥哥。他帶著哥哥到宮廟逛逛，開車帶他去看兄弟倆以前去過的地方。

隔天早上，他拿出了那一對針頭和兩個注射瓶。這總共花了八萬。

哥哥笑著千謝萬謝他，他卻悲憤難抑地對著哥哥哭了起來。

四萬元全部打入了哥哥的身體。兄弟倆手牽著手，阿祈不停祝福著弟弟，兩兄弟抽抽答答地哭。接著，阿祈的聲音慢慢變小。

他臉上掛著笑容，再沒有反應了。

阿祈沒有進醫院，這是兄弟倆說好的。宮廟的人直接找來了葬儀社，妻女趕回家時，鄰居們都說阿祈大有福報，是在家中離世的，想是他撐到女兒畢業了，無牽無掛地走，安詳的面容像是活神仙般。

但阿欽違背了承諾。他沒有如應允哥哥的收下自己該拿的那份遺產。他把房子全部讓嫂子收租，哥哥的葬禮也全由他負擔。

阿欽回到了廠區，繼續工作。只有過年時，他才會回去發紅包給侄子和姪女，也會去看看爸媽和哥哥。

他在祖墳裡，留有一支針給自己。

*作者註：「走水路」其實就是靜脈注射，用在毒品上非常快讓身體起作用，也非常快死。

阿忠之死

接到阿忠的死訊時，宴會剛結束。

在搭乘捷運的過程中，我靜靜地聽著這個消息。

走出會場後，天氣是極其煩悶的。離開的時候在身上塗抹的冷霜已經生效，但隨著厚重又煩悶的空氣，我如同招來夏日幽魂一般，逐漸地完整想起了阿忠的故事。

認識他，是三年多前的事，那時我的工作需要多一個泥作師傅，我的前雇主便找他北上來做點雜工。當時的我二十三歲，他三十四歲。

他來到工地的第一天，我才發現他自己連住的地方都不知道該去哪裡找，也似乎很難理解他的語言邏輯，我需要透過他的大哥和大嫂才能夠理解他的話，而且在往後兩個半月的工作中，完全無法和他正常溝通。直到三個月後，我才清楚原因。

他是個中度智障，領有身心障礙手冊。而愈是心智封閉並且受過傷害的人，愈無法與人溝通。我在工地旁的檳榔攤，就近幫他找了個攤位住。

工地的對話態度大概有幾種：誇大、迴避、隱瞞和自滿。面對這些態度，我或多或少能夠有些應對。但阿忠的無厘頭將我底下工人的相處方式全部打亂了。他或是突然無比地慷慨，或是可憐巴巴地向我們借三兩百。

說真的，他是一個泥作師傅，每日薪水是兩千三百元，一個月下來大約可以攢得四萬多的收入，正常的工人很少在這樣的收入下入不敷出。何況我們當時都認為他是個羅漢腳。

直到那一天，我才開始有一點深入了解他。

那是第三個月，他怯生生地要我帶他去匯款。這不是第一次，他無法書寫正楷中文數字，也無法自行轉帳匯款，我便會帶著他到郵局進行匯票作業。他固定會在每個月匯一萬五給他嫂嫂，因此當發薪水後，我會幫他將薪水存入戶頭，再替他匯款給家人。

那天的工作提前結束，整個工班就一起到郵局門口等我匯款，大家相約一起吃過午餐後再各自回家。在郵局櫃檯辦完手續後，我們笑著說他從來到台北後已經存下了九萬元，比我們幾個來得有價值，他遂慷慨無比地表示要請我們去吃熱炒。

當時工地下班後，有一個「小吃部」，一群無聊低級的男人領到薪水後在一起時，總會相約到那裡吃飯，美其名去小吃部吃熱炒，其實工地旁的小吃部都有點檯小姐，每個小姐一小時從純收紅的到兩百五的都有。

劃單點菜，是我的工作，至於店裡固定有四位四十來歲的阿姨們已經在這些師傅旁，聽著這些男人吹噓起工作及性能力等話題。我非常不喜歡來這家小吃部，第一是因為整家店的空氣彌漫著油煙與香菸，令人窒息，第二則是東西難吃，又有貧民窟的大姨們在旁瞎扯。但即使我們六個人去，也很難花費超過三千元，這是社會底層的一個悲哀面。

不過，工地的應酬有時候會像是淘金，只有在這時候才有機會從他們身上得到一些真正的想法、意見，和部分讚美、尊敬。他們必須要在一罐十元的外勞啤酒加持下，才會謝謝我平常對他們的幫助。這是我會陪他們上這些場所的原因之一。

我們在店裡繼續幫阿忠畫大餅，把他的九萬元吹得好像九億美金一般。「阿忠，你要賺錢存起來娶老婆，或是買土牛自己包工程。」

那天，平常不說話的阿忠，在三杯黃湯下肚又聽了我們的話後，卻說出一句語意不明的話：「老婆娶了都會跑光光。」

我和其他工人被這句話搞得有點亂，只能拼拼湊湊得知：阿忠本身有口吃，左手的小指及無名指前端指節被機器軋斷，身高僅有一米六，有輕微的駝背和斜視，相貌理所當然地毫不出眾，甚至有些猥瑣。他的家人在他國中畢業後，讓他前往工地拜師學一技之長，一般人大約三年、五年就可以出師，阿忠這門技藝，整整學了十年。他在工

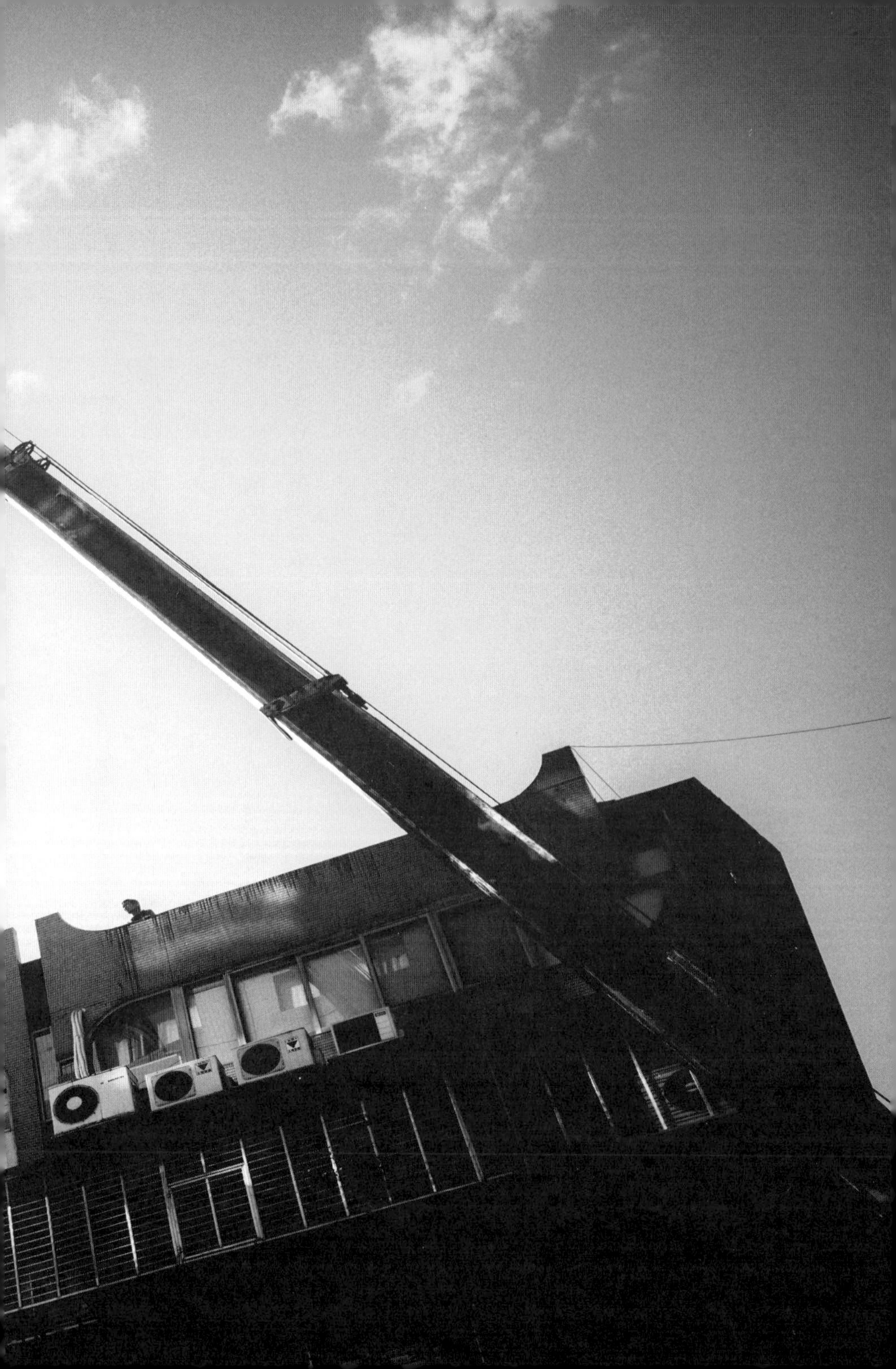

地被壓榨得奇慘，據他說當學徒的日子，每天僅僅只有兩百元。直到同門師兄挖角而去，他才搖身一變成為一天一千元的小工。又這樣過了三年，阿忠的嫂嫂要他跳槽，才發現這個智障的阿忠，早已經可以出師了。

但他這樣的人在台灣是找不到女人要的。因此母親還在世時，特別請大嫂為阿忠去中國買了一個姑娘回來。

可想而知，阿忠的妻子在婚後一個月便逃亡，並且拿走了家裡的黃金及玉珮、飾品。走時，還在剛買的化妝台上用口紅寫「我恨你」。老母的三十萬元積蓄也沒了，那是聘禮和媒人金。沒幾個月，母親就中風了。據說那無緣的妻子還要隔海提告強暴。

但我很清楚，那些人是透過專業騙子進行人口仲介。

集團會先找大約年齡三十上下的英挺青年前往中國，並且表示家族中有兄弟因為剛畢業或剛退役加上經濟困難，所以沒有錢，希望可以少收聘金，用比詩還美的語言哄騙中國女孩來台。中國女孩到台灣後發現嫁的人與說的完全不一樣時，已經來不及了——身分證明文件被夫家扣押，台灣的法律又卑鄙無恥地壓迫中國人，所有的申訴和苦難都無法動搖台灣人的良知……因此，「逃亡」成為唯一一條光明之路。悲哀的是，在阿忠的憤恨下，我無法在他們的面前說出這些原因。酒後的阿忠，說他的故事時說得很慢很慢，講到這裡時，氣氛已經有些不對勁。阿忠多喝了兩罐，顯得很激動，一句話也不說。我覺得心情很差，去廁所想洗把臉。店裡突然一陣混亂，我急著出來時第一次看到癲癇，並且是肺癌引發的癲癇。不知道是喝酒過多了，還是我們的白癡話題引起了他的心理障礙，抑或是我剛剛試圖揭開真相的話讓他受到了刺激。

等癲癇結束後，我們便草草結束，買單回家。

半個月後，阿忠的母親過世，他拿了儲金簿就回了老家。透過幾通電話和其他工班拼湊，我得知阿忠把存款全拿去葬母了。

一個月後，我們的工地被業主趕出場，我們工班和我也隨即做鳥獸散。我們的聯絡只剩下零星的關切電話而已。

再聯絡上他時，已經是一年後了。南部的朋友在找便宜的雜工，我介紹阿忠去做，薪水從兩千三降到了一千二。景氣沒有任何好轉，他只能繼續做最底層的工作，別說存錢，一個月他已經賺不到兩萬五了。

最後一次和他見面，他變得更瘦、更小、更沒力，那是我兩年前從台中回台北過年時。阿忠當時向我借了五千元過年──他在台北的老闆大量起用非法外勞，在外勞發薪水的前一星期再報警抓非法外勞，這種背信棄義的人當然也對本國勞工極差。阿忠好欺負，他的薪水也就要發不發。阿忠沒有錢，卻也無法訴說。

●

晚上，阿忠的嫂嫂說阿忠的喪事已經辦好了，打來是為了要告訴我：「阿忠對於自己沒能還你那五千元，很對不起。」

生命是有層次的，一層一層剝開後，每一片回憶都會讓人流淚。

台灣媳婦

我對公務機關的信任，以及對於法律的質疑開始崩解，是從一件很小的事情開始的。大概在我剛退伍的時候，前往一個大型建案工作，工作內容是帶著工人們進入管理甚嚴的工地。那段日子稱不上開心，尤其是我當時發現，台灣的社會歧視無所不在。

我還記得那個外配大約是二十四、五歲上下，約略和我同齡，是一個很年輕的大陸女孩，和泥作師傅一同前來。那是一家子，為首的大伯帶著弟弟、弟媳一同承包泥作。

這個陸籍女孩與丈夫、大伯一起到場。大門管理的警衛在進場登記姓名時，開始嘴賤了起來，直嚷著台灣人以後要沒有工作了什麼的，他一面要求要有工作證，一面刻意地，全程用台語跟我對談。我還記得我那時候的手機是NOKIA N78，很緩慢地連上網路後，秀出查到的資料給警衛看，堅稱「現在不用工作證也可以工作」。警衛則被這樣的全新訊息弄到惱羞成怒，不斷說他看過警察來工地抓外配。口說無憑，我沒有文件為證，我們就在現場僵持著，直到大工地主任到場，同樣的廢話再重複一次，還接連在警衛室打電話，從市公所一直打到內政部，每個公務單位都廢話連篇，巴不得你立刻斷線。工地主任表示等晚點巡邏的警察到時，直接問就好。

我們從八點弄到十點，那個女孩子的臉色沉悶而無語，她的丈夫在路邊抽菸，整台貨車連同車上整套的泥作工具和土牛，就這樣在太陽底下曬著等著。

終於到後來，巡邏的警察到場了。警察爽快地表示：「現在開始不抓外配工作，不管哪一國來的，只要有居留證就好。」於是我們拿出居留證，警察豪爽地說那就要讓人家工作。原本想著終於有個好警察來秉公處理了，結果那警察不知道為啥，突然說：「來做工喔？不要到時候跑了。」那警衛也因為沒面子，惡狠狠地撂下話：「看你做多久！」

之後雖說是進場了，但是很長的一段時間裡，工地現場氣氛都不太好。連那個女孩子借我的機車去買礦泉水，無聊的警衛也要盯著問有沒有駕照云云。後來我們逐漸熟識，我吃過女孩和婆婆一起包的粽子，看她為丈夫縫製的補丁，見她每天用嬌小的身體甩起水泥，在土牛旁邊攪拌，再用長勺遞給丈夫、大伯。用一小時就知道，她是整個工班中重要的小工。

後來我到了警察局，想請警察給我一份文書，但警察表示他們只是不抓了，至於為什麼不抓，他們也不知道。到了市公所，市公所的志工們搖頭晃腦，完全不能理解我要這種東西幹啥。之後我又去了外交部，等了半天也沒回應，承辦員要我自己去找警察。最後我終於放棄，埋下我畢生以取笑公務員為樂的意識形態。

取笑和嘲諷，往往只是弱者宣洩無力感的做法。公務員們依然「好官我自為之」，他們的愚蠢只是反映我們社會低能的代表而已。這種自以為沒有歧視的偏見無所不在。我們自以為用居留證上的註記就能給予平等，就能夠保障他們的生活和工作，但實施起來，就是歧視的根源。那警衛從一開始的嘴賤，到後來的惱羞成怒，這種無法徹底根除的刻板印象，後來轉換成貼在人身分上的標籤久久不去。舊有工作證申請表單上那些官方的文字列表，讀來更是令人噁心而憤恨。

我還是在各處看到這些女子認真而努力地活著。有時候她是鐵工，在那毒日曝曬之下，用著鐵線綁起鋼筋。有時是清潔工，在角落收著垃圾。有時她幫丈夫貼著瓷磚，而有時候在工地門口騎車送便當，在檳榔攤剪檳榔，在路邊攤切菜煮麵、蹲著洗碗。她們薪水不高，待遇也絕對稱不上好，往往還要操持家務，甚至照顧長輩。在這個不景氣的時候，她們幾乎不可能沒有工作。儘管待遇令人絕望，她們卻認真地做著。

如果我們判斷人的標準，是用刻苦，是用勤奮，是用力爭上游的努力和對於生活的認真，去決定一個人的品格，那我們不可能看不出來她們值得擁有尊敬，我們又怎麼能夠允許這個社會將她們分別列上不同的標籤呢？我們既然知道以一個人的經濟條件去斷定其社會階級以及地位是錯的，並且深惡譴責，那又為什麼不改變對她們的看法呢？

較我們富裕的，優待以禮；較我們貧困的，輕藐排斥。從歸化申請到婚姻皆是如此。這種不基於一個人的道德品行而只看出身所訂下的規定，野蠻而暴力。人與人天生就有體能、個性與智力的差異，有的人強，有的人弱，有的人文化和我們不同。如果我們的社會再對弱者加上標籤，那無疑是將他們推往這個社會的更邊緣處。而一些謠傳和政治的挑撥，使得這些原本就處於弱勢的女子們，更成為社會上幾乎無聲無息的人。你看不到她們的無助，更聽不見那些哭聲。

有些運氣不這麼好的因所嫁非人，家暴之後無處可去，她們的任何選擇都成為非法的控訴。當她們默默為我們付出時，我們視之為理所當然；當她們試圖反抗時，我們立即排斥。非我族類者，其心必異。所有的標籤蜂擁而來，忽略她們那為數不多的選擇，也掩耳不聽她們的控訴。一個標籤能夠解決的，就不用理解。極端的案例成為理所當然的歧視角度，讓她們更不被看見。

但事實是，她們在工地忍受惡劣的空氣、咬手的水泥、渾身濕透而浸滿汗水的衣物，以及隨時可能受傷的環境。在車陣中穿梭，發放沒人要看的建案廣告。在餐飲店的大鍋前煎炒炸，在水槽旁洗無盡的碗盤，和我們一般勞工一樣，甚至待遇更差。即使我們的社會說要尊重，但依然有些酸言酸語，刺激並且嘲弄著她們，這些台灣媳婦只能裝傻回去剪檳榔，又或是甩頭繼續手上的工作。但只有說話的人以為她們聽不懂。實際上，她們什麼都懂。

我每每懷疑，為什麼大家不去直接面對這些存在於我們身邊的女性，不去直接理解和關心，不去從她們身上觀察和體悟，反而要聽信恐懼與謠言。

我往往在接觸後，都被她們堅韌無比的生命力而感動，甚至自慚形穢，也真心認定，她們值得我們這個社會更好的待遇。

但願如此。

種族與歧視

我一直沒忘記，過去在楊梅一帶工作時，有一個獨立施工的不鏽鋼包商，技術極佳，操著一口極流利的客家話。當我面對各式工具苦惱於叫不出那是什麼時，這個不鏽鋼老闆對我非常好，他不知道去哪裡搞來了一堆手工具型錄，上面印有牧田、博世、喜得釘這些工具大廠的產品。就這樣，我開始慢慢學到了這些工具真正的名稱。

在工地現場，叫不出工具名是很痛苦的。一個管理者若是連名稱也叫不出來，那就根本沒了專業能力可言，因為連溝通都無法解決。偏偏有些工具的名稱是南北不一樣，甚至兩個不同的工班會有不同的叫法。「圓鍬」這種東西，有人叫「鍬仔」，泥作工班叫「砂鍬」，用於戶外排水工程時，則叫「土恰」。台語在發音上的思考方式與功能性有關，以台語為母語的人，往往會從工具的用途上表現出功能性。

而國語不同，因為可以較為精準，並且印成文字，所以在識別度上較為容易入門。然而，工地現場往往以台語為主，所講的和一般生活中的台語本身就有所不同，更別提一些專業名詞其實是從英文、日文轉換而來的了。

這個不鏽鋼師傅教我的方法是，先知道型錄上的官方名稱，畢竟名從主人，官方印什麼，你就說什麼準沒錯。至少去五金行時，聽得懂又叫得出名稱，人家比較不敢坑你。他教我的這一點，終身受用。

●

原先我一直以為這個老闆是客家人，因為他對他底下的師傅說話以客家腔調為主，那是我完全聽不懂的話。直到有一次，工地在討論陳水扁案，他激進的政治主張讓另一群泥作師傅不爽，其中一人跟他吵起來，對方說他是士官長退役的外省第二代，我這才知道他是外省人出身。

來工地靠專業技術成為領班頭子，並且能同時操著台語、客語的外省人很少見。後來我得知，他原是軍人，因受不了軍隊的腐敗而退伍，之後參加職訓，回到妻子娘家附近學好了客語後，回過頭來進出軍營，接一些工程案子。

對於是否要抓阿扁去關，他和其他師傅的立場頗為分歧，外省出身的他，認定有錯就是要關，但另一派的師傅認為國民黨更壞。雙方每次提到這個就要吵，每一回都不了了之。不過。雖然意見不同，倒也沒有真的衝突起來。在台灣為了政治而與現實生活的朋友、夥伴吵架，是一件最愚蠢的行為。

那次在對方說出「難怪外省人要關阿扁」後，話題就繼續不下去了，其他人前去圓場，將話題中斷。畢竟在現實生活中，為了政治意識而吵是不智的。網路或許可以匿名，現實生活中卻還要互相配合。隔天，對方領班買了保力達B來，幾杯下肚後各自知道不會再提起，也就這樣過去了。

同樣的場面我也看過多次，在一些眷村中，聽外省榮民和他們的台灣老婆吵起架來，

差不多就是這樣的內容：「滾回大陸去找你老婆吧！」「這我的房子！」「全大陸反攻都是你的房子，滾回去吧！」但隔天兩人繼續生活。在我看來，這些難聽的話其實只是無法用其他方式表達抗議，所採取的愚蠢發洩手法。

我父親是本省人，族譜似乎九代，母親則是外省第二代，這樣的背景使我生活無往不利。遇見本省人時，說自己是本省人，用那種根本不輪轉的台語也能拉近距離，反正台灣本省人對於後輩的台語包容力極大，只要有樂團「玖壹壹」的台語歌水平就足以證明。遇見外省人時，「山東萊陽」這個我從來沒有去過的地名成了一個好護身符，從當兵一直到出社會在工地，外省伯伯們總是特別親切，有時會考一下：「萊陽在哪？」說出「在煙台」後，他們巴不得把全家零食都塞給你。

我個人是沒有因為族群身分遇過困擾，畢竟在台灣，外省人和本省人都是最具有政治、經濟、文化優勢的族群。我也始終無法體會、無法理解，為什麼一些外省作家會有那種失根感和痛苦。在我的記憶中，我這一輩的人已經無人在意這些差異了。甚至我因此身分而左右逢源，很難真正去體會和理解我父親所說的「當兵壞外省老芋仔」

和我母親的「外省豬」言論，畢竟在我這個時代，這些話已經政治極為不正確，敢說出來的都是人格自殺。

當然，年紀大一點後，稍稍觀察之下還是有差的。但差異不在於族群，而是在於金錢和社會地位。以族群為挖苦的霸凌往往帶有階級意義。在台灣看到的這種標籤多半並非針對族群，只是為了在某種議題上增加正當攻擊性，而隨口亂吐出的情緒用字，並非真正討厭這個族群。我不認為台灣的社會在經過多次選舉洗牌後，還可能有省籍情結。多數的爆發性事件往往是引發政治自殺而已。

工地現場的標籤，有時候是無意，可能只是用來稱呼做同樣工作的人，很多師傅們的手機通訊錄內有「山地許」、「外省李」，很可能都是同行。跳脫了同行，或許就是「水電郝」、「電焊倪」、「泥作簡廖」。在我看來，這些意義不大。

但我們確實有種族的歧視，即使現代文化極力譴責，也不容許台灣人說出這樣的言論，但那只限於在有中華民國國籍者的身上。我們的文化可以接受光明正大歧視外籍的人。當省籍不再是歧視的前提時，我們卻可以在各地看到各式各樣的種族歧視，因為那不是台灣人。

我們對於正義的堅持廉價而簡陋。我們對於種族的保護，只有在說出「外省豬滾回中國」時，才會正義爆發。卻無視於外勞被強制驅逐時的控訴，以及救濟的無能。我們號稱可以選出女總統，但還是可以看著「大陸、越南新娘十五萬保證娶處女」貼在電線杆上。

我總認為，省籍問題不存在其實是有一定原因的，我這一代的台灣年輕人，在經過長期拉鋸後，往往對省籍變得異常模糊起來。但是，真正的歧視是存在於理所當然的無感之中——對於印尼、越南、菲律賓的品頭論足，卻連他們的真實名字也叫不出來，這種才是真正的歧視。但也因為我們連名字都叫不出來，便理所當然地更加歧視。有些流傳於工人耳語中的刻板印象，像是原住民「的啦」，雖然令人討厭，但或許還不至於造成真實生活中的打壓。

然而對於外配、外勞，我們的文化則殘暴不已。我們公開認為中國女人來台灣別有所圖，以做為剝奪政治權利的藉口；認為越南女人都會跑，不能放她們出去工作。對於她們，工地在過去曾有人說過，快點讓她們生孩子以免逃跑，甚至還有順口溜：「做工就是要賺，某娶就是要幹。」這些議題卻難以引起共鳴，因為外配勢弱，直到二〇一六年才有一名外籍配偶進入國會，還是不分區的保障名額。

而外勞更不堪聞問，所受到的壓榨和漠視令人髮指，爆出的事件，每每令人質疑台灣人的良知水平。目前已有強暴外傭者連續抗告十二年的紀錄保持，還接連前往母國騷擾、壓迫受害者。這種事令人不禁疑惑：台灣是否受到了詛咒，才能容許如此慘事？

我們沒有人爆發激烈抗議，這些弱者不夠像我們印象中所需要的受害者。我們要的往往是純潔無辜，並且符合政治訴求的受害者：夠純潔，夠無辜，夠資格成為祭品。

如此，台灣人才會買帳，並且欣然爆發對於種族的尊重。然後立即忘卻，很長的時間內不會去注意，再也不提。我們的輿論只能維持一秒。一秒而已。

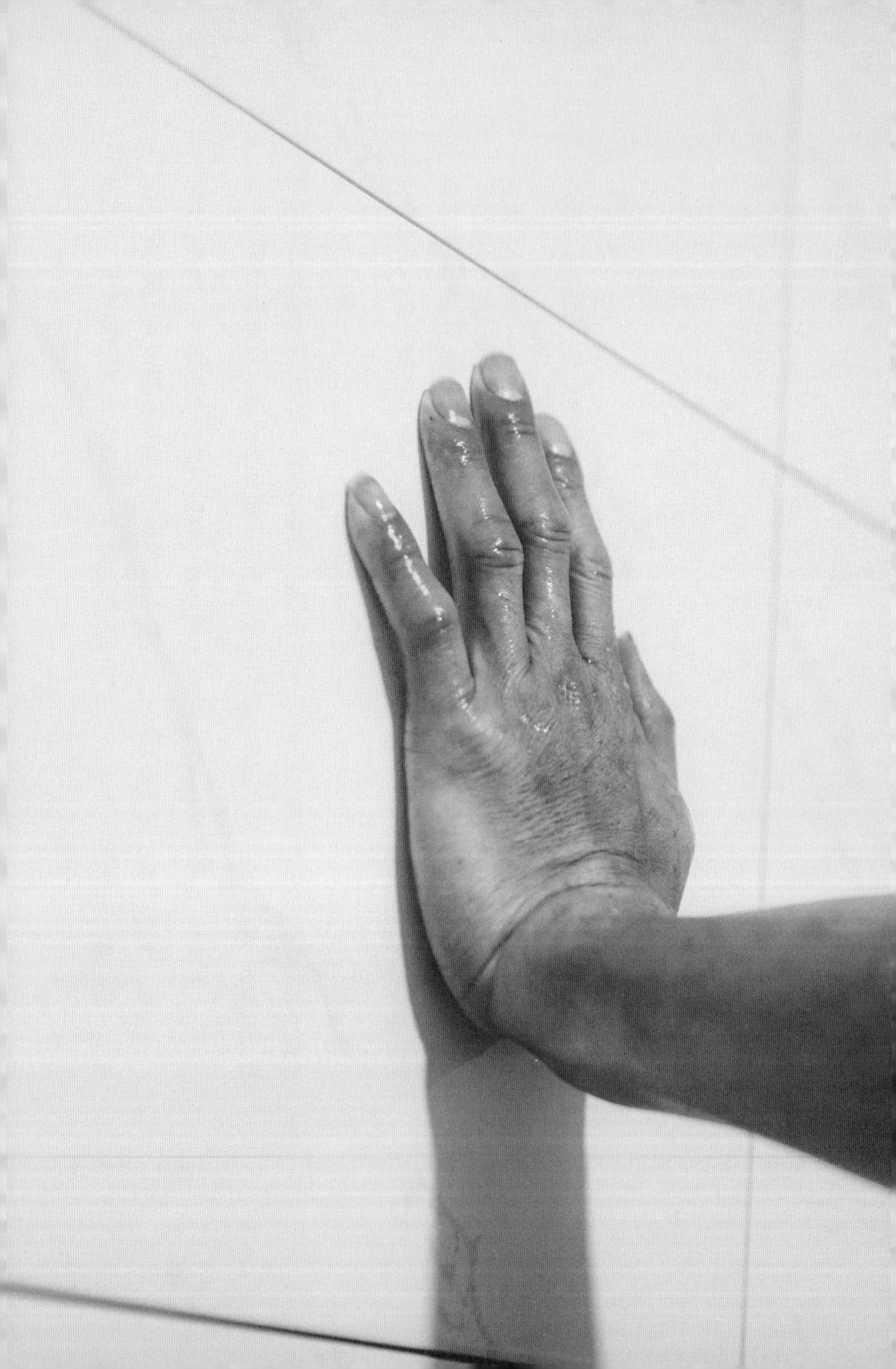

泥水工週薪10萬　比教授還多3倍

泥水工有多缺？一位裝潢業者觀察，「以前泥水工是按時間收費，現在卻開始按件計酬」。他舉例，前一陣子，他承接一個案子，三個按件計酬的泥水工人，「三個人，一個星期，就賺走三十萬元」，平均一週進帳十萬元，一個擁有博士學位的私立大學助理教授，要熬到教授，月薪才能超過十萬元。

（資料來源：《商業周刊》第一三二三期報導）

我和泥作師傅們同坐一桌，談論著這個愈來愈爛的時節。第一道生魚片上來後立刻掃空，酒也已經開了兩瓶。營造公司在年終時會大宴賓客，管理階層跟著請來的業主相談，像我這樣的監工就會和一般的師傅們同坐一桌。一方面我們天天見面，熟了；另一方面也是這些師傅平常在工地現場被我們「監管」，到了尾牙這個時候，每個都巴不得要我喝到吐死倒地為止。

今天運氣較好，阿文這桌泥作工，九人都是夫妻帶孩子，有女人在桌，可以讓大家酒少喝點。三對夫妻各帶一個孩子，我想今天應該是安全了。鄰桌那班已經開始提高粱，小陸、小高被灌得滿臉漲紅。

第三道菜上來，是一人一尾大蝦，男人們開始喝酒，嫂子們則忙著剝蝦給孩子吃。同桌師傅們開始討論起接下來的工作分配。

●

泥作的工程範圍極大，但原則上都和水泥砂有關，以細項分別的話，可以分成純泥作、砌磚面磚、洗石抿石。由於泥作工程的內容都是用來保護房屋，因此從結構施工到裝飾面材都有泥作工程。小型工程案中，獨立作業的泥作包商甚至是連同防水一起承包，但建築工程大多數分項拆包來賺取利潤。

外人弄不清楚這些泥作師傅的重要——

蓋房子時，在混凝土拆模後，泥作師傅必須先進場測量拆模後的誤差，和安裝門窗框架的師傅討論施工時間的配合。接著在門窗框架安裝好後，拉水線、放灰誌。由門窗框的填縫可以看出一個泥作師傅的功力水準。同時，他們砌起隔間的磚牆並且用水泥粉刷，在浴室、廁所的粉刷中加入防水膠劑，完成後還需要在外牆部分塗抹防水，內牆的浴廚位置也必須再做一次防水塗料。混凝土難免有凹凸不平的問題，泥作必須在此時精準抓出施工完成面，在這三、五公分的粉刷層中細細調整，既要將混凝土的坯底完整蓋去，又不能在此時連同水電的開關插座盒抹去。

粉刷完成後，接著依據不同位置，有不同的處理：有些必須再次粉光，以利油漆、壁紙接續施工；有些則是在防水施工後，交由瓷磚師傅繼續鋪貼。專業的瓷磚師傅是與泥作工分別獨立的系統，各式瓷磚各有適合的專業施工工法：軟底的、硬底的、大理石的、燒底的。或者交給石子包商，洗石子，抿石子。即使台灣的斬石及磨石已經逐漸退去流行，但仍是這些師傅們茶餘飯後的話題。

菜上到第七道，是海參和鯊魚皮拌娃娃菜，阿文的妻子趕緊舀了一碗端給自己的丈夫，說：「這個對皮膚最好，多吃一點。」泥作師傅們紛紛停止正在談論的話題，嚐著這碗湯品，大讚：「好喝！」

由於這些師傅全天和水泥、砂、噴固精和海菜粉接觸，在手部、脖子多少都有顏色不一的皮膚，他們的說法是「水泥會咬人」。事實也是如此，水泥對人的皮膚極傷，他們各有對於富貴手的應對方式，從軟膏到含有類固醇的止癬藥劑，如數家珍。

這些泥作師傅在五十歲後就會開始行動變「慢」。過度使用手腕的力量，使他們的關節發炎；在人字梯以及合板上反覆移動，使得膝蓋過早耗損。有些鋪貼地面的地磚師傅則是駝背彎腰，其他諸如五十肩、足底筋膜炎等，更是人人皆有。我在工地現場遇到任何病痛，都能在他們身上找到最快速的解決方案，畢竟久病成良醫，身為技術工，這每一分錢都是用自己的身體掙來的。

宴會已經進行得差不多了，一旁的老祥前來，他是人力派遣公司的老闆，專來這種場合敬酒。他發了名片給我，也發給各個師傅。這些師傅們總有需要清潔打掃，或是臨時粗工配合的時候，畢竟做生意的，廣結善緣總是好事。

阿文問起了粗工的工資，「一天粗工多少錢？」

老祥說：「一千二。」

我在旁邊叫起來，「我們公司怎麼是一千三？」

「你們公司要開發票啊！」老祥回我。

阿文說：「我們也要發票啊！」

老祥說：「那要一千三啦！」

「一千二啦！」阿文講價。

老祥說：「你們都老師傅了，留點錢給我們賺啦。」

阿文說著指指我，「我們不好賺，都給他們賺走了。」

「我是領薪水的，阿文才是開公司的。」我趕忙接話。

老祥笑說：「喲，阿文『董仔』！」

我笑著說：「『阿文董！』阿文才是老闆呢！」

老祥說：「老闆現在很好賺啦，報紙都說土水師比教授好賺了。」

阿文說：「放屁啦！」

這時，幾個師傅也湊上來七嘴八舌一番，等著後面的菜端上來。

像我這樣的身分才可能這麼跟阿文「鬥嘴鼓」，因為位小職卑，又長期相處，不需要過多的客氣。大多數師傅在面對讀書人以及包商時都會有所避諱，以免弄壞與業主的關係。做工程的人，有做才有錢可拿，沒做時根本沒有收入，若不小心得罪業主，後面就可能再也沒有工程可接。

幾杯酒喝下後，老祥前往其他桌發名片，這時阿文問我：「到底是什麼報紙亂講？」

我說：「《商業周刊》，台灣尚POWER的雜誌，裡面說土水師比大學教授還好賺。」

阿文聽了幹聲連連。

我直接用手機把那篇流傳已久的文章傳給他，內容大概是說：現在的泥作工極缺，比大學教授還有價值，還好賺錢。

旁邊幾個泥作工也幹聲如雷，不過在一陣罵完後，倒是開始有了建設性的討論。

「三十萬……應該是連瓷磚都有包進去貼。」

「連瓷磚都帶料，材料錢一定很多。」

「應該是改修場，可能還要收水電尾。」

「不知道有沒有石子？有的話還要清理。」

「那一定是親兄弟，都是師傅工自己做？」

「從頭到尾都是三個人，那浴室水電呢？」

「運費和後續清理算誰的？」

阿文開始翻包包，找出之前幾個案子的改修場報價單，認真地研究了起來。

「這場改修四十四萬，土水連瓷磚部分二十七萬。我們做一個月，光材料就要九萬……」

「這場改四間廁所，五十五萬。水電十一萬，水塔兩萬……我們的部分三十三萬，材

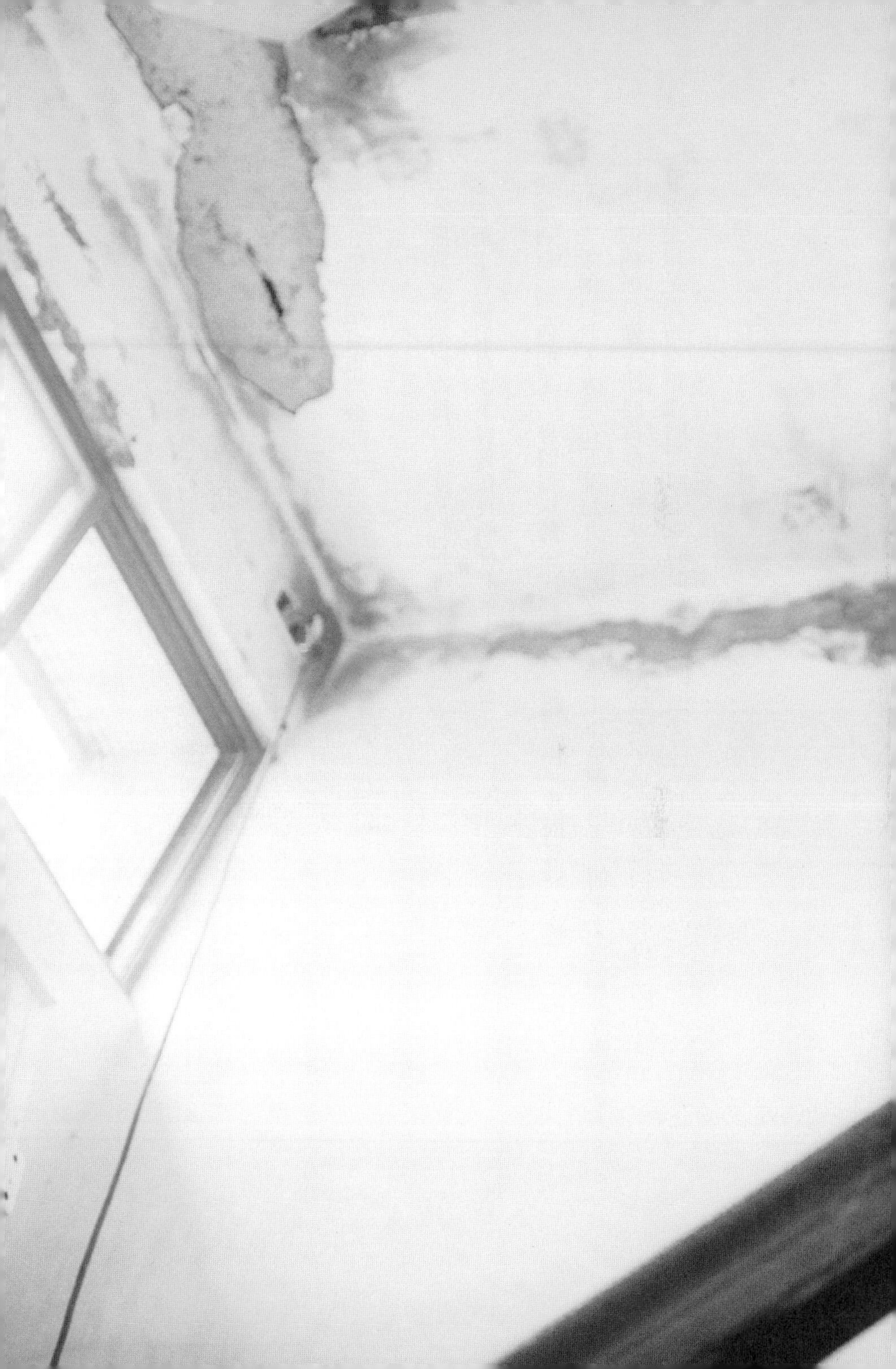

料十二萬……」

「哎呀！這樣用的瓷磚都是便宜貨啦！」旁邊桌的瓷磚師傅跑來插嘴，然後吹噓起他的高級地磚鋪貼技巧，要縮小腹打赤腳，瓷磚雙面上背膠後同時用吸盤放下安裝。

「去年一場，連工帶料三十六萬，材料錢就要二十六萬！西班牙坐船來的進口瓷磚，一片一嘿北（一平方米）要價兩千元的進口貨看過沒有？」

「現在聽說還有更高級的，義大利來的，一片三千元，那太貴了，要業主自己去看自己去買。」

「直接買斷就不會給我們退貨，那不划算啦！」

「笨蛋！這樣損料才不會算在我們身上……」

我看看這些師傅的手、身體和年齡。我們整天一起工作，我很清楚，除了阿文之外，一對夫妻的月收入大概在五萬到九萬元之間，視工作情況而定。而阿文這些師傅們所擁有的機械設備，連同貨車加起來至少也要百萬成本。這些師傅們靠著自己的身體，其實也只是得到一頓溫飽而已，他們很多連勞保也沒有保上。

尾牙散去後，我沉思了起來。這一整年，不管到哪裡去都有人談起這個話題。一般的民眾在看了這些書後，前來虧我們大賺其財。但其實根本不是這樣。我在三重、南港問過各個領班師傅、包頭和材料供應商，全部認為這是一場笑話，但被當作取笑材料的我們卻笑不出來，因為外界是如此看待。

那種講理財和產業動態的書從來就無法引起我的興趣。曾幾何時，我發現自己在看任何文字或是歌曲、電影時，總感覺到一股不舒服感。這些文字似乎與我有著隔閡。我想，是那種對於內容的不快感使我感到很大的不舒服。而我很清楚，這來自於我親身的感受和所在的位置，與那些撰書者或是創作者不同。

愈是和這個世界接觸愈深，我就愈明白其中的差異。也因此，我始終不能接受論述式的教科書、自以為高深莫測的經文，也討厭那些成功者的傳記和論述。我知道，我這樣是劃地自限，為自己設下了這樣的隔閡。

可是會不會哪天我也和那本商周一樣，只能在自己的世界裡，看著自己所要的內容？

活著

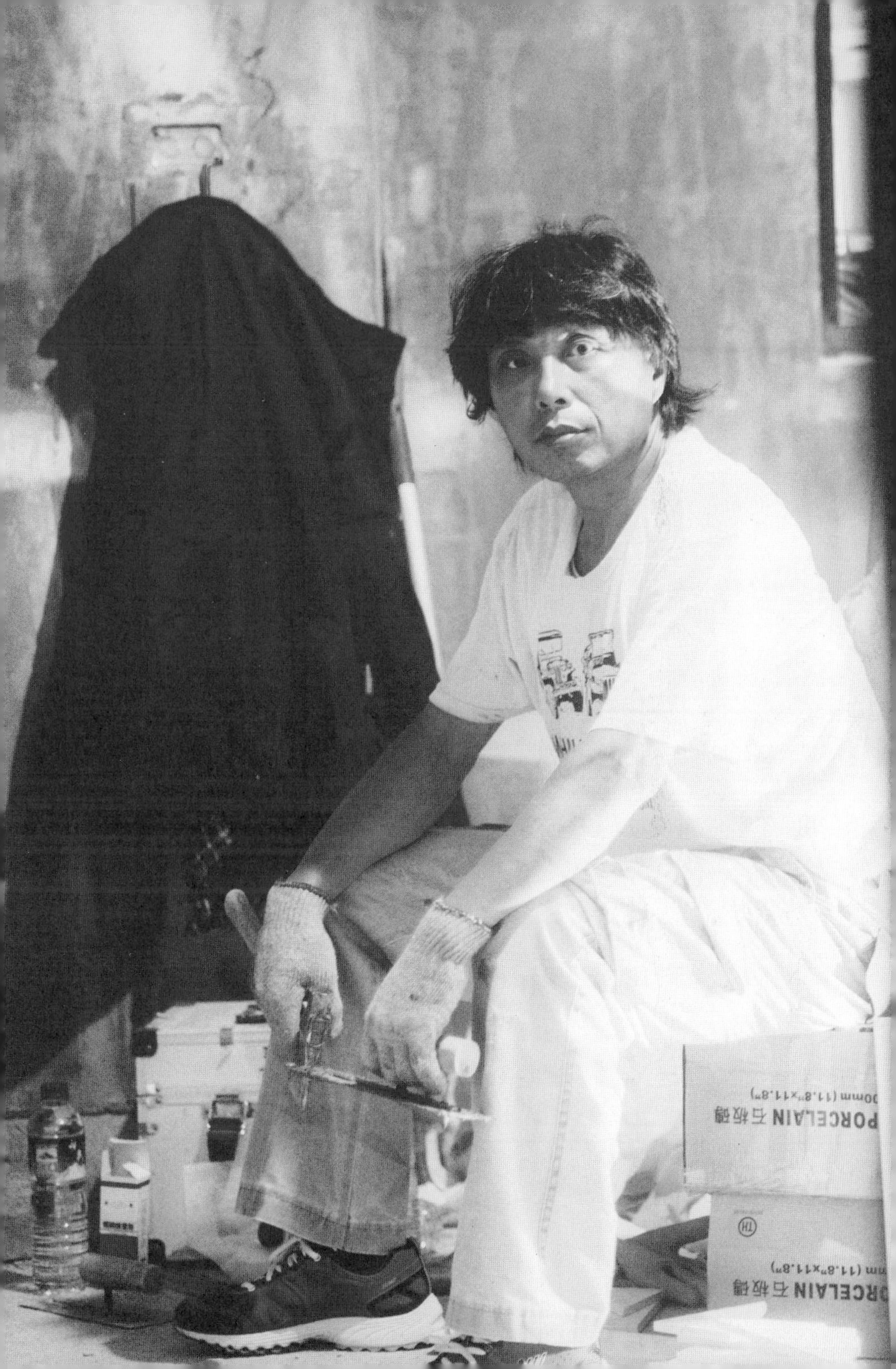
PORCELAIN

出外人

工地並不會永遠只在一個地方，為了生活，工程人員多半是逐工地而居。身為一個單身的工程師，常常會有師傅約著去各式娛樂場所，例如泡茶閒聊、按摩、漫畫店、酒店、三溫暖、網咖、卡拉ＯＫ或是釣蝦場。

這是因為工地所租的房子，往往是通鋪或隱私不佳的地方，反正一群男人住在一起，也就不要太過於在意。這樣的結果就是可能一個房間住了五個男人，想到那氣味和鼾聲，大概就能理解為什麼大夥晚上都不會待在房間了。

工地現場多數是男性，又因為從各地而來，大家的學經歷都不相同，因此，當湊在一起時，對於娛樂的選擇通常都會比較本能一點，方便就好。用最直接的方式吃，到可以吃熱炒的地方閒扯淡。再來就是身體的愉悅，例如按摩、挖耳、修腳皮。另外是遊戲和賭博，還有網咖、三溫暖。至於酒店或是真正帶有「性」的消費太高了，其實遠比一般所想的少。

工地宿舍的所在處常沒有電視，過去又不像現在有智慧型手機，有時候也沒有冷氣，因此，在下班後找尋休閒是一件極為重要的事。但因為工地的工作量勞累，當肌肉痠痛時，看書是看不下去的。體力透支的時候會無法理解過於複雜的形容詞，這也是我在工地時絕對不帶現代文學的原因。過於複雜的架構、難以理解的形容詞或是需要推敲的文字內容，都不會被我帶著看，以免翻書後就立即睡去。在工地現場，最高等的文學作品就是金庸了，什麼降龍十八掌、打狗棒法等。

隨著年齡，選擇的娛樂也有差。

較老的師傅，在發薪的時候往往會去正常的養生館推拿放鬆，將經絡放開，有的師傅一按兩、三小時起跳，幾乎是包下按摩師，按完能提升睡眠品質，也確實能讓師傅們緊繃的肌肉得到休息。有些師傅喜歡到三溫暖，而且是大白天就去，洗澡後，搓背去掉全身角質，然後冷熱交互著泡完澡，接著挖耳、小睡一下後回家。

年輕的師傅則是選擇到網咖聊天、撞球館挑竿，或蹲在漫畫店門口抽菸追連載，有的會選擇去飆車或是「虧檳榔」、釣七仔。當然，有妻子的通常就是在工期空檔的時刻，直接回家團聚，有女友的也是，多半跑去約會開房間。留下我們這些羅漢腳流連在四處。

我個性隨和，哪裡有師傅約，我就往哪裡去。雖說我身分是監工，但實際上是他們的小老弟，往哪裡走都不大需要擔心，也花不上什麼錢。如果只剩我一人，我就找漫畫店或是網咖，一、兩百元可以混掉半天時間。要是有師傅約，我就當去開開眼界。

也真的是大開眼界。第一次跟著身上全都紋龍刺鳳的大哥們前往三溫暖時，我還不大習慣，不過一下子就能適應了，總之眼睛別亂看，看人眼神就好，真要應答，嘴巴先微笑總沒錯。師傅們看我年輕，直嚷著要帶我見見世面，於是當時什麼擦背、掏耳、按摩全上了，這些服務嘗試起來頗有滋味。

三溫暖內的擦背，其實就是所謂的「全身去角質」，身上所有的垢全數會被一條毛巾刷得一乾二淨。接著掏耳。那掏耳的技術確實令人難忘，至今我還是會在閒暇時刻懷念那耳窩中輕輕掃過，細膩地將耳垢刮除的輕柔快感。

等極盡享受後，還到餐廳去點餐吃飯。但那個時候，幾個大哥訕笑說要拉我去「黑房」。我專心吃我的簡餐。等他們回來時，很可能會全身上下再泡一次澡才離開。黑房這種事情，就不要太在意了。畢竟三溫暖浴資不高，又屬於吃到飽的空間，有些什麼樣不屬於自己所需要的服務不必太追究，也不必太涉入。很多師傅們並沒有結婚和交往的對象。而任何人的私生活，我們都不需要干涉太多。

另一些師傅喜歡去釣蝦場，一支釣竿五百元可以釣上三小時。在釣蝦場內，他們往往有主場優勢，從拿到釣竿開始就忙著調整釣蝦餌料，接著順水流找好位，開始釣蝦。釣蝦場一般是可以抽菸的，這也是為數不多可以抽菸休閒的場所，很多師傅抽的菸屁股往往比釣上來的蝦多。釣蝦場算得上是可以靜靜抽菸，拿著釣竿沉思放空的地方，也有人用獨門抖動方法來努力誘蝦。

根據我的經驗，釣蝦場大概一、兩個小時會放一次蝦。當放蝦的時間一到，所有釣客都會稍稍提起精神，似乎進場就是在等這場遊戲的高潮。當蝦放出來的時候，每個人大概都多少可以分到一些蝦。那蝦子釣起來時的快樂和勝利感，就如同賭博賭贏了或是競賽得名般。有些師傅立即就嚷嚷著要我拿去烤，有的則是堅持要等到一定數量後請蝦場料理。

有一點我必須說，朋友說功夫很好請你到釣蝦場後，如果一個小時內釣不到，那你必須懂得看眼色，到外面去打個電話、買個啤酒什麼的，可能回來時就會不知道為什麼有蝦料理了。很可能是不會釣的人帶衰，走一走後風水就好了。也不要去看菜單價錢，蝦子好吃就好，給朋友留些面子很重要。

養生館則是另一種。一般而言，年紀較長的師傅們非常喜歡這種躺下來全身放鬆的場所。有些職業駕駛尤其喜愛腳底按摩，他們每天踩離合器，腳底板往往過度僵硬，也因為整天保持坐姿，連小腿都會在連續的工作下而勞累。另一些泥作、油漆和水電工，則是肩、頸加腰部，有時候則是按上全身——在按上半身時還嘆氣連連，到了按下半身時就打呼起來。往往一陣按下來，人也真的好睡多了。

說到底，就算是我這樣的監工，在工地一天下來隨便也能走上兩萬步，其他師傅更不用多說了，工作幾天下來，全身肌肉都可能繃緊，無比地僵硬。長時間的疲勞累積過度，身體的肌肉和筋骨全部都會有所損傷，連帶影響了睡眠的品質，造成更嚴重的惡性循環。

而出外人所有的娛樂都只是宣洩那空白時間的動作而已。像我們這些勞動者，無論到何處去工作，最後拿來相比的，終究還是自己家鄉的記憶。出外工作的時間勞累而辛苦，環境也絕對稱不上好，但為了酬勞也只能接下，前往一座一座城市。

那新到的地方永遠沒有家鄉的味道，唯一能做的消遣全是花錢。

其實我不喜歡出外工地工作，這樣遠離家鄉和朋友，我的工人們也是。我們只是不得不讓自己快樂一點，吹噓著這些事情，掩蓋無法選擇的無奈。這些流連的消費成了往後閒扯亂聊時的資本。畢竟在缺錢的時候，誇張地吹噓自身經驗，是我們免費的娛樂方式。

其實我並不討厭，甚至有點懷念那時候的生活。

伴唱小吃部

土木類型工地和建案類工地最大的差別，往往在於「地點」。建案類型的工地多半需要位於交通方便之處，這時候的工地住宿，通常會坐落在生活機能較好，交通也較為便利的地方。土木類型工地則不同，往往比建案還早開發，位置也多在荒涼偏僻處。

在土木類型工地工作時，通常沒啥太大娛樂，就算剛發薪水和工資也是如此，有些時候會集體去找夜市，但偏遠地區的夜市往往坐落在開車要半小時的位置，時常令人卻步。這類型工地周遭通常也沒啥好吃，店家又稀少，連買個五金材料都必須跑很久。

但有一種店家，卻會在這類型工地附近開起來，那就是所謂的「小吃部」。

小吃部其實不靠賣吃的。在荒涼偏僻之處，破爛的、沒啥整修的房子就可以開起來，往往是民房，路邊弄個看板寫一下「卡拉ＯＫ」，再印上一個酒杯或女人也就是了。這些小吃部的經營方式各有不同，有的會多少貼些壁紙，有些連壁紙也沒有，有些在頂部弄個閃燈，有些只有頂上的燈，要換燈光就直接切開關變小燈，加上投幣式或是家庭自助式伴唱卡拉ＯＫ，也能成為一個所謂的「工地小吃部」。

這些小吃部，說穿了就是出外人的另類聲色場所，也就是一般俗稱的酒店，只是工地版本，依各地風情有所變化。小吃部主要不賣吃的，就如同上酒店不是為了喝酒一樣。都會區的酒店富麗堂皇，什麼錢櫃、好樂迪的根本夠不上，裡面的小姐們也年輕貌美，帳單算下來令人卻步。在工地現場工作，我從第一個建案開始，就知道酒店是在做什麼的，總之是一個沒有錢常去，但隨時都能在工地拿來說嘴的地方，大家都說裡面的小姐如何又如何，反正吹牛不用錢。

台北市中心的酒店，就算景氣再差，通常也維持著一個小姐一小時一千五、檯費一千的水準，這每天出現在我的手機訊息裡。當然有更貴、更高消費的店家，主打著歌聲好、身材佳、年輕、貌美、敢玩等。另外也視店家而服務有所調整，總之，愈漂亮的女生愈貴。

但小吃部的消費很低，所以小吃部的小姐們收入低，去那裡的花費更少。當然，這和所處的階級有關，什麼平等或是人權的在這種地方蕩然無存，只有對於外貌和下流享受的呈現。小吃部的小姐們往往其實是大姊階級，有的陪一小時只要兩百元，有的甚至沒有陪檯費，全靠酒客打賞。這也是工地現場這些師傅和工人消費得起的原因。

有些師傅進去後，點了幾樣菜、找上小姐，只要花上兩千就可以消磨一整個晚上，甚至喜愛上這種小吃部，流連忘返。跟工人住在一起的生活裡，我不只一次拿錢去這些鬼地方「贖人」，原因之一是有時候七、八個人裡面，只有我有正常的銀行帳戶。其他人不是被凍結就是根本沒錢，有的人則是自知被通緝而把錢寄存在我這裡，或請包商匯到我的戶頭云云。

其實以前念書的時候，我也有一段時間頗為好奇，常常在想所謂的「紙醉金迷」是什麼意思，男人究竟是為什麼被那些店家吸引而去？等到自己去過後，第一次認為頗新鮮，接著幾次就膩了。

酒店的服務有一定公式，遇上的人也不可能在短短一個小時內就熟識，因此愈露骨、愈挑逗的噱頭和服務，愈能吸引人。但那些空虛以及踏出店門時，夜晚的冷冽感往往令人清醒而難受，除非將自己灌醉，用混濁的心跳呼吸和不清楚的思緒帶過。否則踏出店門的冷風吹來，總有不知所云的滄桑和孤寂，原先以為的溫柔鄉不復存在，反而在踏出店門時，更感到空虛。

但我人生中對這些陪酒女子最深刻的一次記憶，倒不是在台北、台中那些美輪美奐的酒店，而是在雲林，那一個巨型廠區的偏遠處。

那時候才晚上九點，工人打來說忘了帶皮包，酒店各付各的，沒小費他玩不開，千拜託萬拜託地請我送去。

那小吃部其實只是個破爛的透天厝，坐落的位置偏僻。我的工人們在地下室。房子毫無裝潢可言，隔音的設施就是在牆上門邊亂七八糟地黏些凹凸隔音棉而已。工人們說點了菜，還特別請老闆娘煎條紅色好魚，算是要做為我幫忙送錢去的慰勞。

這兩個工人在工地領著粗工的價錢，一天工資僅有一千二，畢竟就只是清理環境而已。其中一人大腿膝蓋內有骨釘，車禍斷裂後接起來，至今沒有取出，總一跛一跛地在工地說著腳痛、頭痛、身體痛。另一人是個禿子，眼睛有白內障，在晚上時出門一定要和跛子一起，身高略矮。這兩人每天的工作勞累而無力，總被其他師傅們呼來喚去地要求整理環境，也沒什麼人願意搭理。每天在工地現場，兩人各要抽去兩包菸、一包檳榔，也就存不下什麼錢了。一個跛子、一個禿子，感情倒是挺好，是那種好到會互相拿對方的錢來花的人。我一直搞不懂他們兩人的錢是怎麼算的。

我還是決定幫他們這個忙。兩個工人拿到皮夾後，亮出那裡面換好的一整疊百元鈔，對著旁邊一個年過五十的大姊說：「來喲來喲！緊來塞奶喲！」我對如此年長的女性只有深深的同情而已。

老闆娘來的時候，我原本想的紅飛刀或是紅目鰱都沒有，那魚根本就只是條紅吳郭魚，雖說做成紅燒，這不佳的廚藝還是難吃，我自己上去料理可能都還好得多。但老

VE
RU

美提店限定
大好食雞!
$59
雙層鱈魚堡
大王堡
任選2堡
只要 FOR $129

闆娘顯然不在意這個，看兩個工人掏出錢來，直說要再叫兩個可愛小姐一起來賺錢。

那兩個豬哥工人喝著一罐十元的外勞啤酒，已經徹底玩瘋了。這時候我發現，年過五十的大姊背後有一整片的燒傷。另一個跟老闆娘下來的大姊稍稍年輕，也可能只是身材較為消瘦，大約四十多歲，也或許接近五十了，正用胸部甩那些工人的臉，可是她的右手只有大拇指，原本應該還有手指的位置像是小叮噹的手一樣圓滑。

我想到，這兩個工人身上的錢加起來不過三千，似乎明白了什麼。

我有點難過地走出店門，在門口恰好看見兩個警察。老闆娘沒啥好氣，倒是警察一臉無奈。其中一個警察看到我走上來，還說：「啊！來來來，這個看起來沒啥問題。」接著極為客氣地請我借他登記一下證件，算是臨檢。老闆娘嘆了口氣後就走往地下室去。我和警察倒是搭話起來。

「有人檢舉噪音嗎？」我問。

「唉！其實也不是。」警察拿了我的身分證，登記了一會，「你從下面上來？」

「是啊，我來送錢。」

「你知道這家店……」警察欲言又止，「唉……」

「我是第一次來。」我兩手一攤，接過警察還我的證件。

「好啦，謝謝你配合。」

兩個警察登記完，騎上機車還咕噥著：「整家店都……」

隔天在工地，兩個工人渾渾噩噩地來上工。我等到中午吃飯時才問起他們這些事。兩個工人先是個別出了五百，做為從晚上九點唱到凌晨一點和吃飯的錢。另外，身上有燒傷的大姊陪唱了五個小時，臨別時為其中一人打了手槍，拿了八百；另一個右手殘缺的大姊隔保鮮膜幫忙吹，收一千。一個人花了一千三，另一個花了一千五。兩人直說沒開車來，不然就等下班後直接再去旅館開房間。

另一組師傅嗆他們說：那家店內全是殘疾人士，去了讓自己看了痛苦而已，他們的行為根本是欺負人家殘障。兩名工人聽了不爽，回嗆：人家歡喜甘願，至少他們上小吃部玩女人是講好價碼付了錢的，「不然你去養她們啊！」

接著兩組人互嗆起來。

「你們欺負人家殘障啦！我們都去別家。」
「這樣的女人你也開得下去。」
「你們只會歧視殘障啦！去玩大陸妹、越南仔沒有比較高尚。」
還有更難聽的話都說了出口。眼見一發不可收拾，我趕快把那兩個工人拉到旁邊去。他們還是忿忿不平地說：「這些人只知道嘴巴說別人，啥好事也不做。那兩個小姐白天去舉看板。沒得舉時，晚上來陪酒賺錢養自己又怎樣？」

兩組人馬都知道這家店，一邊選擇再也不去，另一邊選擇去享受低價服務。我都不覺得有錯。畢竟連警察也都知道這狀況而睜一隻眼閉一隻眼，想必這些警察對這些女性的故事比我清楚。偏遠郊區，離市區遠得要死，你要往哪裡去工作？又能怎麼工作？市區的酒店有可能收這些殘疾女子嗎？年過五十的背部大面積灼傷者？正常的工作能接受殘疾者嗎？右手沒有了四隻手指的中年婦女？
我至今不知道背部大面積灼傷而無法久站工作者，以及右手缺四隻手指的中年失業女性，還有哪裡可以在四小時內賺得八百、一千元。兩人就算去夜市推輪椅賣原子筆，也不可能比脫衣陪酒賺得多。現在大多店家怕掃了酒客的興，這些人連店門也進不去。

我也知道舉牌工，不管颳風下雨，一天八小時也不會有八百元，在這偏遠的工業區更沒有什麼舉牌工機會。這社會要求他人有尊嚴活著的，幾乎都是不需為下一餐煩憂，並且收入穩定的人。而我不是，我能理解她們只是想活著，卑微和努力地活著。對於那些喊著尊嚴的人，因為那傷痕我無言以對。

跛子和禿子兩人呢？這兩人住在這種擁擠和無力的工寮中，每個月出工的時間不到二十天，算下來，一個月僅有不到兩萬的收入。兩人的健保卡也都被鎖了，只能在疲累時挖工地的醫藥箱吃止痛藥。我後來才知道跛子的老婆跑了不知去向，禿子的女人另找了別的男人而離婚。說到底，他們可能連自己都養不起。在這個社會中，他們除了不可能用錢擁有女人，也只能用錢買女人而已。

●

這些人的人生就是如此。在他們身上諸神隱退，基督未顯，只有無比卑微之人，花錢尋求慰藉，或讓人尋求慰藉共生。我說不出任何有幫助的話，可以預料得到，他們未來的生活將會出現一堆問題。

但我沒有答案。我只知道我再也不想踏進去任何酒店。不是我不喜歡女人，而只是我不願想起那背部整片的凹凸不平、帶著變形的紅色扭曲肌肉紋路。也不願想起那隻角度彎取、拿不起任何酒瓶而只有大拇指的右手，搭著夜晚半失明的男子，和一個兩腳長短不一的跛子。我親眼看見這些永久的傷痕在她們身上，我也知道她們還在陪著這些工人賣笑。工人來此買春，為著我不敢不想也沒有任何資格去問的原因。

我不想花錢買女人，只是不想去回憶那些場景，因為我看過她們身上的傷痕和殘缺。那另一些以此為生之人，我沒有看到的她們那些傷痕和殘缺呢？這是我人生極為排斥花錢召妓買春買醉的唯一原因。我喜歡女人，但我只喜歡漂亮的女人。然而，我總想起那兩個陪酒女子，還有她們身上的傷痕殘缺。那會讓我想起其他人也可能有的，在身上，在心裡，在我看不見之處的傷痕及殘缺。

我不想去回憶。

虧檳榔

工地現場工程師有些生活是很值得回味的，例如「虧檳榔」。

「虧檳榔」是工地的獨門文：找檳榔西施搭訕。這有幾個原因。

剛入行時年紀輕。年輕貌美又可愛的檳榔西施永遠是工地的話題，但由於大多數吃檳榔的師傅們年歲都長，並不會真的去檳榔攤虧妹，因此，會「慫恿」我這樣的單身廢柴工程師前去。工地現場的師傅無論是什麼出身，都會以這樣的方式表示關心和親近。

再來是師傅們的私心，可以「拗」我去「虧檳榔」的同時，幫忙買一些飲料、香菸等，這對他們來說頗為方便，也可以避免我一直待在工地，「現場的」待著總是不自在。結果，我這樣的第一線現場工程師就成為檳榔攤最好的客戶。尤其是我還不算很難親近，和師傅們的關係也不差，於是走到哪裡都能坐下來和檳榔西施東聊西扯半天。

要了解檳榔西施，必須先從這個行業說起。一般來說，台灣到處都有檳榔攤，接近省道或是國道交流道的位置更多。有些檳榔攤以批發大盤為主，是地區的批貨中心，這樣的檳榔攤隨時都有人在門口上下貨、整貨，那不是我去的檳榔攤。另外有些檳榔攤以獨門技巧取勝：梅子檳榔、薑片檳榔、蒜頭檳榔、雙子檳榔等，這類型的檳榔攤往往連飲料也不大賣，我也不會去。

我會去的檳榔攤只有一種：同時賣香菸、飲料、結冰水，還有不要太難吃的檳榔。俗豔亮麗的招牌，七彩炫目的燈光，大面積攬客的寬闊櫥窗一應俱全，加上最重要的——年輕貌美又性感裸露的「西施」。

會僱用年輕美麗檳榔西施的攤子，絕對不是靠便宜或獨門的配方取勝，甚至有些檳榔攤的西施不用整天動手包檳榔。我常需要這些檳榔西施幫我「收貨」，例如黑貓宅急便。尤其執行公共工程時，不可能大剌剌地將出場證明文件、工程樣品或是送審資料寄到毫無效率又愚蠢的公務員手上，那明天保證會不見，但又不可能寄到沒有人的家中。因此，只要套好關係，檳榔西施會很願意幫我一點小忙，讓這些宅急便或是郵局寄來的文件，寄送到「檳榔攤」這個醒目地標，等我來買檳榔時取走。這是我的獨門管理方式，至今萬無一失。只要註明檳榔攤的名字，這些女孩都會在第一時間傳訊息或打電話通知我前往取貨。

而我理所當然地成為消費大戶。有些檳榔攤西施甚至幫忙代訂他店的手搖杯飲料，根據買十送一原則，多的那罐就是我「虧檳榔」的絕妙供品。檳榔攤的飲料無論是哪一種，都只是「賣服務」的而已，伯朗咖啡賺三元，汽水賺五元，台啤賺三元。只有結冰水和檳榔比較有所謂的「賺頭」，所以我一定會買。

每一天上午，在巡視工地一趟沒事後，很可能就是記下「龍哥100幼5結冰水3組」、「阿國200普3結冰水」、「瓷磚林200幼2結冰水2包長壽」、「土水王400普10組6水」，整個工地七拼八湊地，隨隨便便一個早上就買了上千元的檳榔，下午同樣的事情再來一次。沒有不成為超級大戶的理由。

一般來說，檳榔西施都領基本薪資。有時候為了躲避勞檢，會說自己是股東或老闆，但年輕的她們哪有可能是什麼老闆。她們領的只是最低待遇的薪資。重點在於抽成。我聽過的有兩、三種方式，例如：超過五十包以上，每包抽十元；超過一百包，每包抽十五元。另外有每天檳榔賣超過三千元，可以拿五百元獎金，或某些等級檳榔抽多少，某些又抽多少。無論哪一種，都是刺激這些女孩子追求更好業績的方式。

這樣的狀況下，我順理成章地得到檳榔妹的電話，實在不難。由於檳榔西施看過的豬哥就和我看過的工人一樣多，像我這種工地現場工程師，無不良企圖且能帶來大量業績的人，至少都還能夠正常成為穩定的朋友。

其實我是在那個時候開始學著觀察周遭的。甚至可以說，是從她們的抱怨中學的。和她們認識後，我才發現男人所看到的男人都是「大男人」：豪氣，大方，誇大而外顯。相反地，這些檳榔西施穿著清涼，看到的男人卻是猥瑣、扭捏，自以為幽默，自說自話的。買個兩百元檳榔，就像隻豬哥一樣想約人上床；故意在女生攤子前講電話，喊兩句髒話就以為豪氣干雲；抓了個鳥窩頭以為是絕美造型；開了台敞篷就以為無比帥氣。

由於工地無處可去，公家案的驗收改善期限又極其緩慢，我確實喜歡在被公務員刁難後到這些檳榔攤去，半哄半開心地要檳榔西施好好抓住機會，也樂得虧老闆有眼光會請小姐。對於我遇到的驗收不利，這些女孩往往用一些垃圾奧客和跑來要性交易的討厭鬼來相比，讓我得到安慰。

像我這種沒錢、沒背景、又沒法好好讀書的渣渣，大概唯一有的就是這張爛嘴和打死不退的厚臉皮吧。

只是現實中，我發現這些女孩子都沒有久做的打算。檳榔西施們往往領取最低薪資。如果要拚上更好的業績，那就必須在服裝上盡可能地增加裸露，減少布料。

如果遠遠地從車窗外往檳榔攤看，確實如同酒店的選妃般，只需要花少少錢，就能看到趨近於內衣才會有的身材。但如果你真心把她們當作朋友後，近一點看：廉價檳榔服所箍紅的肩膀，劣質胸墊所悶脹的胸腋；那夏天時，玻璃櫥窗所曬傷的皮膚；幾次高跟鞋折斷時的疤痕和烏青；冬天時，毛細孔的雞皮疙瘩；大雨時，賣完檳榔躲回貨櫃屋對手哈氣的發抖……每每都令我不捨且心疼。

這些衣服根本無法禦寒，但職業上就是如此需要。常常只買一百元的豬哥駕駛，停下來買的原因就是因為少去了肚子上的布料。但每當布料少去一塊，這些檳榔西施們能夠塞入暖暖包的地方也就沒了。無論店內有沒有熱風扇，台灣省道、國道周邊地區往往空曠，一陣風吹過，室內的溫度也立刻降至冰點——如同社會現實。不管多冷，如果想在今天達到業績，多領三、五百，那就必須脫下外套，最好是用近似泳裝的裝扮推銷。

但其實我們的社會更為殘忍。這些豬哥至少還會給錢，現實社會給她們的出路卻極少。檳榔西施們往往是必須自己養活自己，甚至養活家人，才會在年輕時進入這行。她們的家庭往往不能給予她們更好的學歷，台灣的主流社會也以學歷取人得嚴重。義務教育的學校早已放棄；而高中以上的學校，早就已經失去協助她們學習技能的功能，只求她們繳費而已。大學以上也好不到哪裡去，大學畢業生的薪水算起來還沒有檳榔西施的三萬五多。

我所「虧」過的西施，後來轉型去批檳榔服來賣，同時教年輕的西施如何在暖暖包外

加薄襪子，塞在特殊的檳榔服屁股上和胸部下方，或是改穿只露乳溝、臀部、肚子，但能圍住脖子，並且在鞋子、手臂處加厚且有帽子的聖誕服。在學習襯托身材的同時，也交換心得。

而有時候，那些檳榔攤時常有另外一類人，開著雙B而來，不是要買東西、也不是要虧妹，而是拿出名片等著這些女孩子加入「八大」。有些檳榔妹真的就轉往八大，但很多也是去幾天，又轉回那小小的檳榔攤中。

真正影響這些西施的，往往還是家庭，無論是男朋友和丈夫，或是原生家庭。跟男友及家庭的關係永遠決定著這些女孩子的命運。

我常常在想，以她們的機警、以她們的靈活應對和願意為業績所付出的犧牲，這些女孩子，應該值得更好的待遇。

我還記得，我曾經聽過一個小小的地下廣播節目。廣播中，一個檳榔西施嬌聲請駕駛們注意寒流——而那個西施卻在寒流中，仍然穿著比基尼。

之後我就再也無法「虧檳榔」了。

茶室姊妹

我坐倒在萬華的茶室裡幫阿秋姊整理手機，包廂內滿溢著揮之不去的菸味、酒味、熱炒香味，以及女人身上特有的粉味。身邊的「大姊」正包著剛叫來的生菜蝦鬆，那是我叫來墊胃的，卻還是先被灌下了三杯高粱酒。此刻，我正忍受著肚裡逐漸脹起的燒灼。

事情的起因已經不可考，工地現場所有的衝突到最後都會解釋成「誤會」。我這樣的人會在工班師傅們動手後，賣著面子說是自己的錯，接著以誤會解釋。這樣的解決方式讓事實真相不重要，大家為了繼續工作和生活，也就彼此吞忍——只要找個有女人的茶室互敬互飲，在一群胭脂紅粉女子的簇擁之下言歸於好，再度結拜。

有時不得不承認，男人們解決誤會的方式看來極為愚蠢，在這些人的觀念裡，「換帖同嫖娼」，非得要一起玩女人才算兄弟。兩個領班頭雄哥和元叔已經喝下四支大高粱，動手互毆的兩個年輕學徒，一人茫倒在「檯主」阿秋姊的大腿上，另一人跑了幾次廁所，催吐後仰躺在沙發上，完全無法答話。我看了看自己眼前的一整瓶高粱，頭逐漸重了起來，對剛轉進包廂的「二姊」說，再上來些熱毛巾和解酒飲料。

阿秋姊剛和雄哥唱完江蕙，大姊則與元叔等著接唱秀蘭瑪雅。另兩個小姐剛勸完雄哥別再拚酒，就開始拉著人唱起歌來。我正在幫阿秋姊設定ＱＱ帳號，剛剛整理好大頭貼後，又抓到了她親妹妹的帳號，裡面有阿秋姊親娘的照片。阿秋姊開心極了，在我臉上親了一下，又馬上抱著雄哥說是恩人降臨。兩人笑了一會兒後，捏了一下屁股，討了一張百元鈔，繼續翻起點歌本笑鬧。

二姊剛給了一個少爺錢，差他去買青草茶。想來，也只有在萬華的茶室能讓師傅們言歸於好。這是勞工階級去得起，也有食物可吃的店家。擺桌請客來此，喝酒解悶來此，道歉賠罪來此，裝強擺闊也是來此。這些店家的消費只消三千、五千就能成為大爺，拿出一萬更算得上慷慨。全台北市處處有酒店，但只有這種地方，讓我們這些勞工階級有辦法做足面子。

店家從下午開始營業，所以茶室小姐午餐後就開始喝酒。小姐們年齡偏老，姿色也不如那些制服、禮服、便服店的。她們不從店家領取薪資，只有兩個方式賺錢：第一是小費和額外的出場費用，第二就是檯主所安排的檯錢和酒錢的抽成。

各個包廂的酒客素質不一，所以茶室小姐們會互相結拜以應付狀況。由於各種洋酒、白酒、紅酒、啤酒混喝，往往不到九點就必須到後場催吐休息，接著再度進入包廂。另外有些小姐則是以色代酒，放任酒客在自己身體磨蹭並上下其手，也不願再灌酒喝醉。每個人體質不同，結拜後彼此照應，有時起鬨拚酒以避免豬哥脫褲拔毛，有時聯合撒嬌，嗲聲哀求「大哥別再灌酒」。沒有男人能抵抗得了女人們起鬨。而更重要的是在酒客微醺起勁時，要姊姊妹妹們前來吃紅，趁氣氛舒緩時適度轉檯。這些女人賣笑也賣身，都暗自評估著在自己無力醉倒時，是要讓姊妹保護或和酒客出場過夜。

我繼續幫阿秋姊下載照片，現在換她女兒的照片，是個大學生，照片數量頗多。阿秋姊每唱完一首歌，就往我臉上摸一下。她已經四十二歲了，在幾個結拜姊妹中排行第三。

大姊年過五十，划得一手好酒拳，師傅們賓主盡歡。大姊千杯不醉且控場精準，將我點的生菜蝦鬆一片片包好，放在小碟子上。進包廂時點上烏梅蘋果汁調和高粱後，要打架的學徒兩人互相敬酒，還喊著：「有氣魄！」這種勸和的動作，讓兩個大師傅不斷換鈔打賞，畢竟這是到這裡來的真正目的，男人說不出來的話，都讓大姊說完了，說得兩個學徒簡直成了國家棟梁，讓他們喝到再也起不來。

二姊新帶了盤水果進來，接著跑去櫃檯廣播要來熱茶和毛巾。兩個學徒醉倒後，轉進來的小姐漸少，包廂幾乎就剩她們三人撐場，兩個大師傅開始抱怨沒有年輕貨色。

其實，這三姊妹已經完成今天的任務了，接著就是等兩位師傅再喝個一小時，看上今晚過夜的對象，就可散去。阿秋姊可以陪雄哥過夜，也安排了少爺晚點把這兩個癱倒的學徒扛進旅店。但元叔嫌她們三個大陸妹子太老，喃喃地說：「吃幼齒顧目睭。」

二姊只好再叫幾個小姐進場。

只不過，兩個三十出頭的女孩寧可陪年輕學徒過夜，也不想和元叔同寢，而另幾個姊妹又被嫌老、嫌不正。

時間開始拖著拖著。

過了一會兒，茶室主人進來了，是個年約六十的老闆娘，後面帶進幾個三十上下的女子。「歹勢啦！幼齒欸姑娘仔來囉！」兩個年輕女子進來，就等元叔點頭，湊足檯數後即可收場。桌上的菜已經空空如也，我索性要大姊把整盤蝦鬆掃進我碗裡吃。

元叔選了一個女孩坐檯，對上幾句話後發現是個越南仔，色瞇瞇的手開始在她身上游移。這時，雄哥又開始在包廂內大發百元鈔，所有小姐歡天喜地連聲說：「謝謝雄哥！」元叔則是拉過老闆娘，掏出鈔票來買了房間和出場費用。

突然他愣了一下，指著我問：「啊咱主任咧？」

我笑說：「這裡是台北，晚上不回家不行。」

元叔接著說：「這樣？不爽一發再回家？」

他接過剩下不多的高粱公杯，「哩攏來陪咱喝酒，敬你！」

老闆娘俐落地遞給我一杯幾乎是果汁的調酒。對飲後，二姊又開始點歌，看來是要用王識賢耗掉最後的半小時。

我認識的良家婦女總是對這種場所極為排斥，認定這些歡場女子低俗下賤，只要腿開開就可以投入這行。

這純屬錯誤。這種場合，低俗下賤的是男人而非女子。

良家婦女應對男人時盡可以白目，這裡的女子卻不能不揣摩來客的心思。所有女權分子所說的婦權、尊重、平等、自主，在這裡一點用也沒有，有的只是赤裸裸地滿足顧客，而其中的技藝，全都需要後天的訓練和學習才能夠擁有：如何優雅地轉檯？如何讓客人願意花錢點歌？如何確認來客目的而推銷酒品？如何視男人口味來調酒？如何掩護姊妹們不受過度地侵犯？如何掌握整個包廂的節奏？甚至包括衣服的穿搭和服裝配件的搭配、包包擺放在大腿上應對，都成為她們隱而未顯的重要關鍵。相較於年輕的酒店小姐，茶室女人有更多的人生閱歷與滄桑。

我估量了一下，雄哥和元叔兩人加起來已經撒出兩萬元，從晚上十點開始，喝了三個小時，也該是散場的時候了。

阿秋姊她們幾個姊妹繞來主要是想請我設定一下中國的手機ＡＰＰ，我認為簡單不過的，她們卻找不到設定頁面，有些像是ＱＱ等軟體在台灣無人使用，但對她們來說，卻是聯繫家人的唯一管道。

我已經把阿秋姊女兒的所有照片都備份到了手機裡，說了幾次要她買記憶卡，但她似乎還是聽不懂如何備份女兒的照片，只是開心地告訴我：「等我女兒明年大學畢業，就可以成為擁有資格的彩妝師！」

幾張照片裡，女孩幫同學畫的各式妝扮確實可愛秀麗，照片裡也有女孩在上海、北京的畫面。三姊妹全部湊過來看，在阿秋臉上尋找女孩的樣子，又對著女孩的照片稱讚起阿秋的美貌。就這樣笑笑鬧鬧著散場了。

入夜的台北永遠是冷的。到了門口，元叔喊手冷，搓著越南妹的胸部走了。雄哥喊著少爺把醉倒的學徒扛去旅社。一旁有幾個姊姊妹妹站在店門招牌下，招攬其他酒客。有個穿牛仔褲的大陸妹喝茫了，從店裡出來，蹲著在哭。二姊陪著她，老闆娘看了，

連罵帶勸地念了大陸妹兩三句。阿秋姊補完妝後，回頭也勸起這個同鄉女孩：「小玲，我們都是這樣的。等下個月過年一起買機票回去，我的女兒給你女兒認作姊姊就是了。不要再哭了，大姊在A廂，等等又發錢了，快去吧！」

「我想家……」小玲抽抽搭搭地哭，「我想我女兒……」

二姊抱著她的頭靠在自己胸前。「別哭了。我們在台灣，只有這裡可以賺錢……」

小玲繼續哭著。

這時，雄哥和少爺回來了。阿秋姊又抱了小玲一下，塞了五百元鈔票給她，說：「姊先去忙了。明天買條新裙子，別再哭了。」回頭搭上雄哥的肩離去。

小玲接過二姊的礦泉水，開始擦去眼淚。老闆娘在店門口嘆氣。我在一旁，看著二姊開始幫小玲補妝，念著說，等等一起去A廂……

計程車這時候才來。

我沒有帶女人出場。

回深坑的路上，我滿腦子想著小玲和阿秋的女兒。

阿霞姊的醶粽

我到這裡的時候，只剩下一整排荒廢蒼涼的落寞。旅社門口坐著一排濃妝豔抹的私娼，我就提著行李在這個旅社住下。沿路的貨櫃屋已經嚴重鏽蝕了，檳榔攤和崗哨亭的玻璃都已經破裂，地面冒起雜草。這裡離最近的交流道還要開個十五分鐘以上，是一排已經廢棄的建物。

這個工地位置現今看來極為偏僻，但這些廢棄的貨櫃屋，過去曾經是國道施工期間的工務所，據說那時候整條省道都是人。司機們來到此處，會停車下來吃飯。那時候還沒有行動電話，大家都要提前來到工地門口排班，等著卸貨或是待命。那時候的台灣景氣正好，這些勞工一擲千金。整個國道施工期間，工人絡繹不絕，機械和車輛的聲音從沒停過。修國道的時候，也同時修省道。大大小小包商群聚於此。

這些偏僻的房舍就是那時候建起來的，原先只是提供中華顧問的工程師住，房間隔成一間一間的。那時候的工程師地位極高，每人都有獨特的隔間。後來，這裡成為旅社。旁邊一樓的民房保存著許久未更新的伴唱卡拉ＯＫ，和沒插電的「麻仔台」、「格鬥天王」等遊戲機，店門招牌已經泛黃，上面的字全部模糊了去，只用簽字筆醜醜地寫著「炒牛肉豬肉炒麵炒飯」。現在只剩這攤及一家早餐店在營業。另一家雜貨店則相隔五十公尺。

阿霞姊告訴我，這裡曾經很繁榮，那時候的客人們年輕力壯，在領到薪水後就前來：到小吃攤買春，到快炒貨櫃買醉，到這裡買一個小姐過夜。那時這裡很熱鬧。

她年輕時在這裡待過幾個月，接著去了其他地方。私娼不可能，也不可以總待在同一處，因為長時間待下的私娼會失去新鮮感，但換地方時總還能被店家雞頭稱為「新貨」——皮條客特別喜愛這樣推銷自己旗下的小姐。我從與她們的閒聊之中得知，過去她們如果在同一家店待久了，名聲傳到管區那裡去會有麻煩，身在公門好修行，夜半白嫖是福利。

但她最後回到這裡，在這裡住下，因為她已經夠老了。她的年齡比我母親還大得多，實際上應該稱為「大姊」。也因為這個原因，實在沒有機會再多賺一點錢了。樓上有一個房間是她的。

●

我來到這裡的第一週，對於旅社的雙槽洗衣機實在無法上手。阿霞姊好心地教我用了一次，我還是不會，乾脆就撒嬌請她幫忙洗，她倒是很快樂地應聲說好。之後我在那裡住下半年，都是她為我洗衣。那時，工地做的是露天開挖，那些我脫下就不想再穿起來的衣服，她會為我浸泡，接著用腳踩，隔天再放入洗衣機，洗完晾乾，一件件摺好放在我房間門前，每週僅象徵性地收我兩、三百。

旅社老闆已經過世了，現在管店的是老闆娘和她的女兒。老婦人終日在對街新房子一樓內看電視，阿霞她們這些小姐告訴我，老太太會念她們簽六合彩和樂透。管事的女兒負責前來收房租。我的房間一個月四千，包水、包電、包冷氣，要是壞了什麼燈泡堵了水管，則等她丈夫晚上回家再前來修理。有時候，小老闆娘——也就是這女兒——會跑來找這些「小姐們」，告訴她們有什麼摺蓮花、包粽子、做香包或是摺紙盒的工作。

我的房間其實是最好的一間，即使廁所內沒有燈也沒有門，但確實是最大、最好的一間，因為有電視和一張書桌。所以師傅們特別留下這間房給我，能辦公，還能看電視。這旅社是歷經多年搭建而成，實際上分成前棟和後棟，我們往往從後門進出，前門留給小姐們接客。只是當我在洗澡時，也總還是能聽到從浴室管道傳來小姐們的職業服務，從稱讚「好大」、「好強」、「要死了」，到叫春聲中的制式、規律和浮誇，都是她們專業的一環。有時經過她們，還會聽她們抱怨起現在男人看了A片後，自以為是的鬼叫和炫耀。

我的工人師傅們分為兩類，年輕的寧願駕車上國道，開半小時前往小姐較為年輕的店家消費。另一些年老的則與這些小姐年齡相近，住下來的同時，也就在入夜後招至房內。這裡的行情是六百或八百，過夜則要兩千，但相處久的算起錢來似乎也就亂七八糟了。阿霞姊會在中午時去對面的熱炒店幫忙，然後回來休息睡午覺，下午再出來梳洗整理，等著晚上接客。伴唱小吃店、阿公店和妓院的界線，在這裡其實沒有如此清晰，有時候這些小姐從晚上就在招牌亂寫的熱炒店，和客人嬉鬧著吃完飯後上樓辦事，有的過夜，也有的結束後就離去。但從我手下工人們的話中，似乎這樣的溫飽思淫慾一條龍的客製化服務很「划算」，我猜想也就是這些小姐們給了折扣，又少賺了些。

這些大姊們住在這裡，也因為此處有著奇特的氛圍，對她們特別包容而友善。中午時刻，這些幫忙的小姐們往往隨意從攤位上揀自己要吃的東西，隨意煮隨意吃，從不見熱炒店的老闆夫妻說什麼。他們夫妻沉默寡言。要到很後來我才知道，這整棟樓都是他們的，但他們也不對這些小姐從事的行業提出抗議或檢舉。我想是因為他們理解得比我深切，比我慈悲。

●

在這處工地工作期間，還是必須往返台北，休假啦，交代公事啦，聯繫下一個案件並

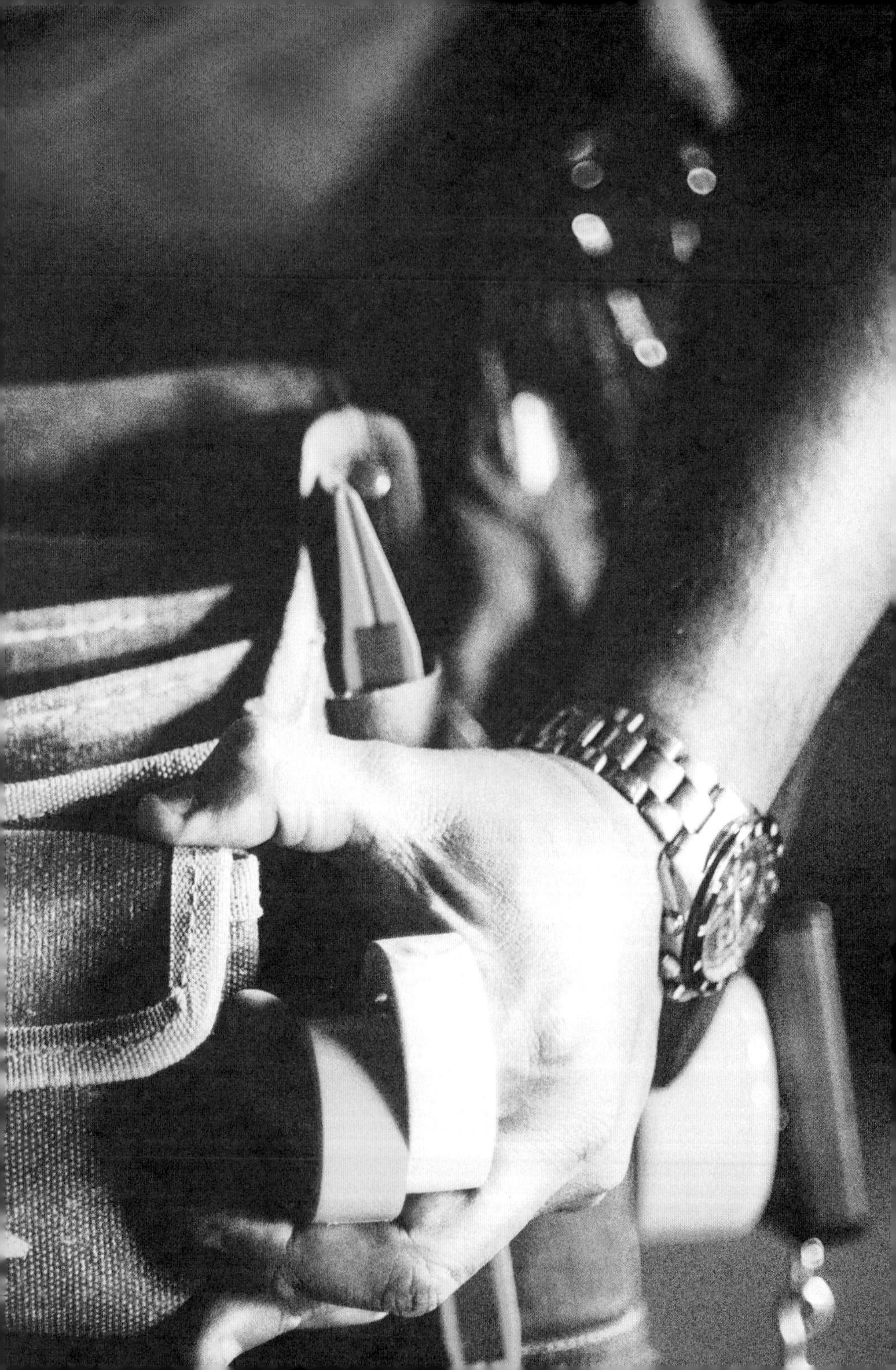

虎

且確認投開標等。這是兩個完全不同的世界。

我在中秋節前回到旅社，正值颱風，晚上我到的時候，旅社正要關門，畢竟沒有人會在颱風夜前來尋歡。

我應時地拿出月餅，想和這些大姊們一同分享。她們倒是笑了起來，接著阿霞姊解釋：「哩乎姊呀過中秋，咱請你過肉粽節！」幾個大姊們從冰箱內拿出有點硬的鹼粽，然後在冰箱和廚房裡挖出一連串的調味品：蜂蜜、豐年果糖、紅糖、白糖、花生粉、草莓果醬……「哩嘴甜甜，乎哩呷這甜甜甜。」頓時我感到受寵若驚，笑鬧一番。

我是隔天到早餐店才知道，這些鹼粽是端午節時，小老闆娘接下的兼差，前來找七、八個大姊包鹼粽，完成後可拿三千。其中五個人包了兩天後，市場的攤販跑了。想當然錢沒拿到，這些粽子也就從端午過後，一直待到中秋。

隨著工程結束，工人們紛紛先我離開。某個晚上，我無聊地四處閒逛，有個機會與快炒店聊起，才知道阿霞姊的過去。

阿霞姊是養女，十五歲時被養父母嫁到了台中的工廠。那時的台灣習慣用女人當公司負責人，用女人的名義開票，當年的政府只要發現跳票，就抓人去關。阿霞姊十九歲時入獄，當她出獄時，夫家已經人間蒸發，但她身上仍有不知從哪裡來的債務。對這種沒有家人的女性，當時的中華民國政府從地獄中垂下的蜘蛛絲，是誘逼她前往特約茶室自立自強。她沒有離開台灣本島，我至今也不知她是去了台北還是哪裡的「八三一」，只知道她從此過著被追債、逃離、再被追債、再逃離的生活。

故事聽到這裡，我感覺心裡一沉。

經過旅社時，阿霞她們幾個大姊在門口，將剩飯集中拌勻後，倒給路邊的流浪小狗。她怕傷心，堅持不給狗取名字，只知道有這些狗兒會前來要飯。

其他大姊們的故事大同小異，有的和阿霞姊一樣，有的是被男人所騙，有的也是所嫁非人。她們多半單身。即使還有家人往來的，也都極力讓工作的地點遠離孩子，彼此之間似乎也有這種默契。然而，她們總碎念著以前的日子難過，沒做多久就會怕又遇上「黑白郎君」（一手拿薪水扮白臉，另一手勒索黑道扮黑臉的警察）。只要被抓過，這些小姐大姊阿姨們終身怕警察，又怕又恨地咒罵著。她們口中的警察會白嫖，要試車，會在正氣凜然地領了乾股分紅後說是「為了社會秩序」。此時話鋒一轉，回頭自嘲現在人老珠黃、不再年輕美麗的好處是——免去了警察的騷擾。

她們這個年齡的女人既被傳統觀念捆綁，又被社會遺棄。這個社會不再讓她們存有希望，也不配得她們的希望。有些有了男友的，也不願意再走入婚姻，畢竟法律是保護有東西可以保護的人。她們這樣的生命不值得社會憐憫。寧可就這樣地過下去，直到再也沒有對象。

而我們對於這些女人就是歧視和漠視，少有的關注卻往往以獵奇方式窺探，既先入為主又嘲弄。這個社會上享有幸福及權利者，只要先定她們的罪，就不需檢討自我在結構中的行為。兩千年過去，人們還是不知道曾有救世主說，人應該從被歧視者的身上回頭看清自己。

這些大姊們，現在就連自己的戶口也不知道在哪裡，也不需要知道在哪裡。這裡的人看病用同一張健保卡，騎同一台機車。年老的好處是：發現那些自己以前害怕又討厭的警察們，現在看來都成了年輕而善良的孩子，對她們這種沒有戶口、沒有駕照的老人睜一隻眼、閉一隻眼。

我的工地結束時，她們似乎非常不捨我們這樣的過客。這些工人雖然說話低級下流，但給錢豪爽並且毫無詭詐，住了四、五個月以來也都相安無事。工人們請客喝酒時，也不在乎她們賴過來包剩菜餵小狗，甚至偶有工地的破銅爛鐵賣了，也給她們吃紅。我們只是不開單、不警告、不恐嚇也不白嫖，最重要的是把她們當人，與她們分享拜拜的東西，逛夜市時隨手帶點飲料給她們，僅僅如此而已。

離開時，我將多買的延長線、便宜買入的棉被，和開車北上時載不下，視為累贅的沐浴乳、洗髮精全留給了阿霞姊。她握住我的手祝福我：「你這樣好的人，你未來會娶水某！你會賺大錢！你未來會好命的！」

至今我仍認為，阿霞姊的眼睛很美、皮膚很白，年輕時一定非常漂亮。她的眼睛又圓又大，眉毛細長，聲音細膩而溫柔。如果是現在，怎麼樣也會是個自拍就有上千人追蹤的正妹。但現實就只是如此。

我臨走前，她還在顧那些小狗。她對我的祝福，我至今仍認為我配不上，那是她才應該擁有的。

離開那處工地之後，我總喜歡在夏天時吃鹼粽，用很多種沾料來吃。用蜂蜜、豐年果糖、紅糖、白糖、花生粉、草莓果醬沾著吃。

那是她們教我的吃法，慢慢地，細細地，用不同的方法來品嘗。即使那時候吃的粽子已經久放，失去了新鮮、彈性和應有的口感，但依然值得細細品嘗。

一如她們的人生。

彩虹指甲

冬天的時候，我有一種獨特的、有點奢侈的享受，那就是去越南美甲店修腳皮。這大概是我開始做工程之後，個人的獨門享樂。我會找一個時間，或許是去西門町，或許去景美夜市，找那些替人修指甲的越南姑娘，問有沒有幫男生修腳皮的服務。

這習慣是這樣來的：某個週末加班的時刻，我到了萬華貴陽街一帶，結果因為臨時才得知約好了的業主會晚到，我必須等上一個半小時。於是我在附近閒晃，先是西本願寺廣場，接著走回工地旁邊，從工地旁的美甲店裡面跑出幾個孩子嬉鬧著，朝我的腳撞來，我趁機向店家詢問這裡附近的工地概況，也同時稱讚孩子們漂亮。

聊著聊著，老闆娘問我要不要去修個指甲，我苦笑把雙手給她看。因為自己愛咬指甲的壞習慣，我的指甲至今保持著奇怪的形狀。老闆娘鍥而不捨地問要不要清粉刺、做臉等，最後問到修腳皮。這倒是讓我想起了，以前有些師傅都說找不到揚州師傅可修腳，加上我的腳在冬天時，腳跟外側總會龜裂，便問起她如何修腳皮。越南裔的老闆娘大方答道，她們的修腳皮方式絕對無痛、絕不出血，並且絕對有效。這樣的承諾讓我動心，也就答應了進門修腳皮。

修腳皮的方式大概是這樣：進門後，坐下脫鞋，然後師傅會先用酒精噴腳消毒，接著讓腳泡熱水，抹上特殊的油膏後，開始用腳皮刀削去腳跟及腳跟旁的腳皮。

越南姑娘手指靈活巧妙，在腳跟上撫過一圈後，隨即判斷我每日步行萬步以上。的確，我的鞋子走到最後，往往都是因內側腳跟位置磨到破損、鞋底磨皮而丟棄。

老闆娘戴著口罩，將我的腳抬起削了半天後，又放進盆中泡熱水，換上另一腳，重複了一次後，換回原腳以粗磨砂棒開始磨。此時，兩腳的整個腳跟都已經脫去一層厚皮，腳掌處也磨得平順光滑，老闆娘卻說還要等等，接著拿出像銼刀一樣的鐵棒，她說我穿人字拖的時候磨到了腳拇趾與食指間，於是又開始搓磨一番。直到她滿意了，才另外拿上一盆水幫我擦洗乾淨。

結束的時候，我發現我有了一雙比我的臉頰還要滑順好摸的腳——原本那結繭龜裂、在晚上睡覺時可以拿來抓癢的腳底，以及將襪子、鞋底都磨爛的腳跟，現在都成為粉嫩滑順的細皮。我絲毫不敢相信，這是我那二十分鐘前還又厚又硬的腳底。全程確實無痛，也沒有流血。只有老闆娘極其細心、極其認真地削去我腳上的厚繭而已。

我低頭一看，那刮下來如同雪花一般的腳皮厚厚一疊，因泡了水而更顯得大量。只花四百元，整整走上了一年的厚繭就這樣全數被巧手削除，這錢實在花得非常值得而令人滿意。臨去時，老闆娘還告訴我，我算是男生裡面走路多的，但還算好修。

由於我長年在工地生活，對於一個人的評價來自於應對進退以及本身技藝的展現，我立刻深切領悟：這是一個具有高度專業並且不簡單的工作，無論是專業的修皮刀，又

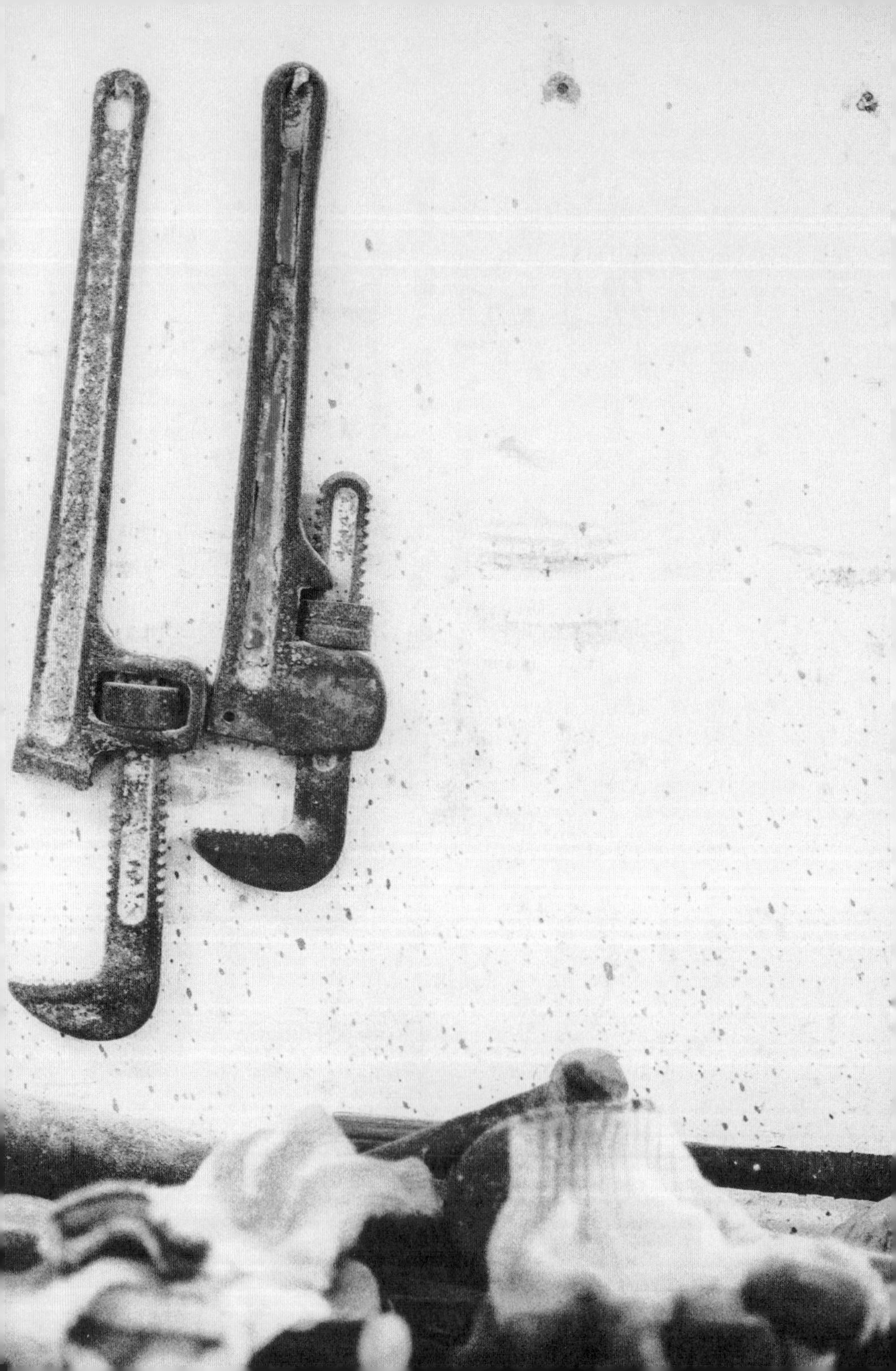

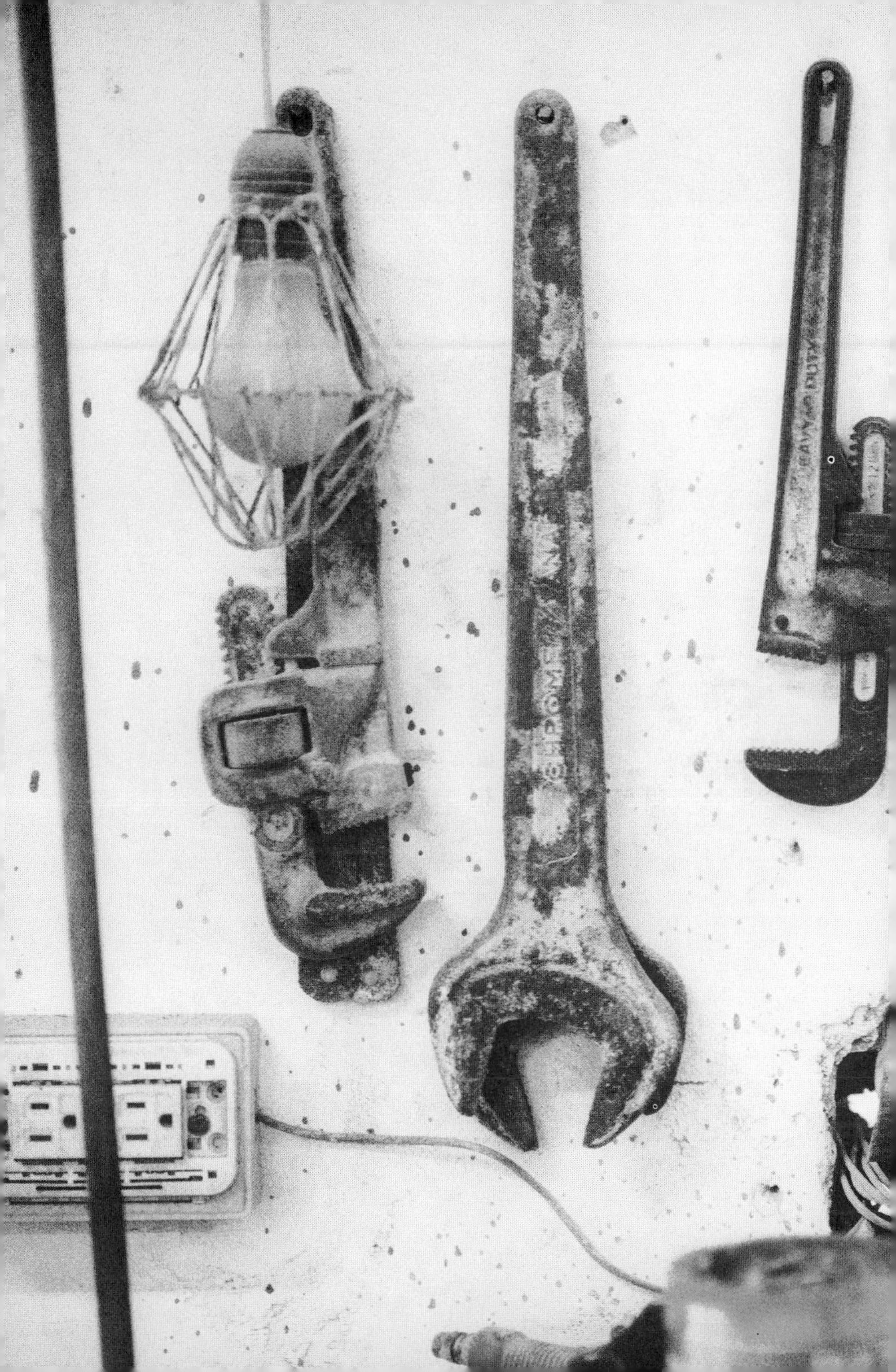
HEAVY DUTY

或是那些磨皮用的獨特工具，都是專業水準。這老闆娘對於厚繭死皮的應對手藝，也絕對稱得上一流。

隔兩天我到工地現場，美甲店在下午時分生意興隆，整間店內有男有女，老闆娘和另外兩個越南姑娘忙得不可開交，有修腳皮的，有修手指甲的，有上指甲油的，也有做臉的。偶然聽見顧客推門問要等到幾點，老闆娘答要到下午六點，我拿出手機，現在才不過三點而已，已經大排長龍。店內張貼了大量指甲照片，旁邊再用膠帶貼上價錢，一群上了年紀的婆婆媽媽全數等著師傅為她們修甲，而整家店也真的高朋滿座。甚至有個男的蹲在門口抽菸，不知道是等太太，還是自己也在等著修腳皮。

回到家中後，我向母親和妹妹提起，她們用一種看到原始人的表情笑我，怎麼現在才知道越南妹妹已經成為美甲的代名詞。她們告訴我：活在現代的台灣女生，沒有一個不知道越南人具有美甲天分，每個越南女生無論貧富，都會把自己的手腳指甲弄得漂漂亮亮、乾乾淨淨。然後母女倆吱吱喳喳地聊著那有多便宜、方便又漂亮。

原本我有些不服氣，但是那一週到了週末時，我看到了美甲店的另一個場景。那時候店還沒開，隔壁早餐店的桌子擺在美甲店的店門口，我便坐在那裡。店裡面有幾個人，老闆娘正在細細地幫一個年輕女孩畫腳趾甲，看她們的樣貌和年齡，應該是母女，孩子邊笑邊抖動，引來媽媽的眼神，母女相望後又笑了出來。另一個女孩正讓另一個越南姑娘綁辮子，媽媽輕斥不要亂動。

即使隔著玻璃，我也能看出來那趾甲的顏色至少有四、五種。小女孩髮長過肩，現在少有留這麼長頭髮的小女孩了，太難整理，但我卻看著這對母女在綁頭髮。

如果我記得沒錯，店裡的老闆娘非常驕傲她能在趾甲面畫上小花。但我終究沒有得知那天是什麼花，就去張羅工地的廢水問題了。

後來我常在一些地方，不經意地發現這些美麗的指甲，不約而同地，都是越南女孩所帶來的。連我以為不可能的，年過六、七旬的攤販老翁，都因為這些越南女孩所修整的指甲美麗漂亮、指尖貼上薄片，指尖如同彩虹般的美麗。

奇特的是，無論我看到的指甲主人多老，這些彩虹指甲也毫不突兀，男女皆宜，又潮流又時尚。一雙彩虹指甲，能在第一時間證明主人心智年輕。

這些越南來的女孩，往往在還沒有領到身分證前就已經懷孕生子。有些幸運的能開店並擁有一技之長，有些則在其他地方，例如餐飲店或檳榔攤、餐廳打工。但只要是留在台灣生活的外籍配偶，幾乎都有孩子。她們在人生地不熟的地方生活，卻有無比的毅力和勇氣養育著小孩。

只要我們把她們和一般的年輕女孩子一樣看待，全世界都一樣。只要是人，都會渴望有一個可以全心投入去愛的對象。而愈是傳統的家庭，女孩愈早婚，這些女孩往往也期待有一個自己的孩子來投入自己的愛。愈是出身窮困的女孩，愈早有這樣的期待。因為孩子的存在可以讓她證明自己的價值，孩子不可能離開她，她們並相信，孩子會義無反顧地愛著自己。

當然，她們可能收入不高，甚至遠低於我們所想的，但那不能代表她們對孩子付出的愛不夠。綁辮子和牽手散步，與年收入完全沒有關係。每天為孩子煮飯、帶孩子去夜市玩套圈圈，也不會讓小孩變壞。她們和我們台灣的女孩子一樣，看著自己孩子的五官而傻笑，慌忙地照顧哭泣的孩子，幫孩子擦嘴巴，穿鞋子、綁辮子，和孩子一起遊戲、為孩子唱歌、買玩具。等孩子到了一定年齡時，任何母親都會用自己的力量讓孩子過得更好。

她們學習美甲，試著替我這樣的男人修腳皮、剪指甲，為長輩們提供便宜且服務周到的美容。牆壁上掛滿各式的指甲油，小移動架上有每個美容師所用的工具，一如我們的美髮店。只是這裡修的是指甲。

她們終究在台灣生根，養著孩子，並且在指甲上畫出了媽媽故鄉的花朵。

我到現在都還惦記著，我沒有看到那女孩的腳趾甲。

那隱隱約約像是彩虹一樣豔麗的指甲。

工地拾荒者

工地只要一開張，就會開始有垃圾問題。工程現場的垃圾量又多又大，有些是碎紅磚、乾涸的水泥砂碎塊、破碎的瓷磚與玻璃，還有包裝紙箱、切剩的管材、斷裂的木頭和廢鐵，以及飲料、便當盒等的生活垃圾。

在這種狀況下，管理工程現場的關鍵點在於「分類」。如果分類得好，這些有價值的垃圾還有可能賣錢；要是分類得不好，只會徒然浪費錢和垃圾車。工程現場的管理祕訣也就在此。以建材來說，金屬分類後，累積到一定數量時，都可以找回收商來處理。塑膠管等硬質塑膠價錢雖差，但至少不用花錢叫人清運。花錢請人收和讓人來買，這價值上相差甚大。

一般而言，各家工班各自整理後回收是最為基本的處理方式。板模工通常會在現場邊做邊整理、回收自家的模板，這點不需要太過擔心。鋼筋通常是工地買來的，隨營造公司而去，很短、變形的才會賣為廢鐵回收。對於裝潢工班，一般來說會要求他們各自將垃圾集中。最特別的可說是做水電的，水電最需看緊自己的材料，工地現場最貴的五金大概就是水電師傅們手上的電線，紅銅的價值一向最高、也最容易被人偷走。塑膠硬管切下的廢料，也有特別的回收廠願意花錢回收處理。

有些師傅生性節儉，會把所有可收、可撿的東西帶走整理以貼補家用，整個貨車上堆了一堆的可回收物，有塑膠瓶罐、紙箱等。但大多數的師傅懶得做此事，往往隨意亂丟，頂多在工程師或主任到場時，給點面子分類一下。

所以有時候，我們會讓拾荒者進工地。這些拾荒者通常是當地老人或弱勢族群，我們這種工地簡直是他們的寶庫。工地現場的飲料瓶罐多不勝數，每個人在酷夏之下，半天都能喝上兩、三罐，我們管工地的，在樓梯間等地看到這些垃圾都想抓狂，拾荒者能拿著幾個垃圾袋逐一清理，我也樂得讓他們前來撿拾。水電商的馬桶設備包裝為紙箱，拆下來後，這些拾荒者會逐樓清點，一一載下來。我們不要的破銅爛鐵硬塑膠，他們可以用小小的推車連續載上幾天，甚至從開工就開始撿拾，多少也減輕了我們工地的垃圾負擔。

但現在礙於勞檢法規，多少會擔憂被勞檢人員到場認定為粗工。曾聽聞有水電包商告訴我，他們在整棟大樓安裝衛浴設備的時候，帶了附近的拾荒老夫妻，約好垃圾由他們撿、紙箱隨他們收，於是整棟樓的衛浴設備弄下來，整整齊齊地一大落。老夫妻兩人才正樂得說這些電光牌包裝紙箱撿半天能賣兩百元，還包了一大袋塑膠瓶罐，正要載出去的時候，遇上勞檢員。兩人一無教育訓練，二無進場名冊，三無勞工保險，被勞檢員罵說戴了帽子就來騙，這罰單開下去五萬不只，他們差點被嚇到哭出來。所幸，里長和穿有議員背心的有力人士前來關說、施壓、哀號、求告，才讓威風八面的勞檢員在厲聲警告「下不為例」後，高抬貴手。

這確是兩難。「法規」這種東西往往只會為了維護社會秩序，而斷絕更多人的活路。師傅之所以願意讓拾荒者進場撿拾，在於不想花費精神在整理這些回收物上，以工程管理而言，讓他們進來撿拾我們的垃圾，對我們沒有妨害。工地垃圾集中處讓他們挖沒多久，把喝剩的飲料倒出後，隨便就是滿滿一袋袋塑膠和飲料鋁罐，這是在路邊怎麼撿也撿不到的數量，每兩、三袋可以換一個五十元便當，供晚餐溫飽。

我是有和朋友討論過，看有無方法解決。但他們多在六十歲上下，進工地現場需要體檢，而且每年都要，也不可能為他們加保勞保。而且，在這個粗工愈來愈標榜要體力的時候，每家人力公司都表示派遣的是十八至五十歲的人，這些拾荒老人不可能納入粗工使用，我們也不忍心要他們搬運重物。無法可幫。

但也不可能要公司派遣粗工整理垃圾後，還送交他們拿去賣錢。粗工們受到時間的壓力，只能快速將所有垃圾、回收物全數亂丟在獨輪車上傾倒於一處。各個工班也不願意這樣處理。只有少數朋友表示願意為賞人一口飯吃冒此風險，在警衛亭旁邊貼著「休息區」的字樣，一旦勞檢大人到場，就求不會在建案樓上看到這些拾荒老人，快快叫人帶他們跑到「休息區」假裝從事回收，以避免被開單，然後裝孬應對、鞠躬哈腰，只求勞檢大人慈悲為懷。

勞檢不得不抓，這種明顯違規進入工地的閒雜人等，於法不容。也確實，工地危險，這些老人本來就不該進入。

只是，勞檢不會每天來，肚子卻會每天餓，這些年長者前來拾荒為生，多少有不同的故事和原因。我們給予機會讓他們到垃圾堆中挖寶，也只是維繫他們僅存的尊嚴而已。畢竟他們有他們的堅持，只要還能爬上工地撿拾，就不願接受我們的飲料。

我們頂著勞檢，展現出我們的抗壓力和不要臉。

畢竟所謂的抗壓力其實只是新名詞，說穿了就是厚臉皮而已。

這些拾荒者多是老人，偶有帶著智障家人的一同前來，沿著整棟大樓逐步上上下下，找著工班給予的瓶罐收拾、整理。有些師傅、工人心軟慈悲，會將家中的廢電腦、廢電扇等回收物也帶給他們。另一些師傅則是心疼，有的水電師傅甚至將短銅線也給他們——小小的短銅線能讓他們晚上吃得上雞腿便當。手套這種東西更不用講，許多師傅們是一打一打給這些老人。我們工務所則是大量給他們垃圾袋或米袋。這種工地對他們而言，是個撿不盡的寶庫。

於是，這些老人們會把亂丟在一起的水泥袋好好整理，將紙箱堆疊整齊，把切壞的硬塑膠妥當地放在米袋中，用他們充滿皺褶的手壓平，堆高在吱吱作響的手推車上。那推車堆得比他們還高、還重，往往旁邊還掛著數袋寶特瓶、鐵鋁罐，兩人一前一後地，拉著去變賣錢。前往回收場的路途遙遠，並且價錢始終沒有好過。但我站在工地門口送別，那堆高的舊手推車，應該還是可以讓他們吃上兩餐。

只是，從他們口中我得知，回收的價格愈來愈差了，每次的波動起伏都以一、兩成起跳，有時候波動大了甚至被拒收。他們推著車，往往到家中無處可堆，僅能找那價錢更差，但至少還願意收下滿車垃圾的回收場，一台推車可能就這樣連推數公里遠。回收廠還多在高低起伏之處，一個不小心，台灣的路面就讓整台車翻覆傾倒，便要在忙亂之中冒著車流，重新撿拾。

而這些工地也愈來愈沒法進入了。隨著勞檢愈來愈嚴，工地內這種模糊的人情味愈來愈不可能出現。那道又白又高的拉門，從頭到尾他們也進不去，同時難以開口要那些回收物資。我也知道，由於愈來愈多的志工加入回收志業，這些拾荒老人們能帶回家的，從兩個便當變成一個便當，再從一個便當變成一個麵包。

我不知道他們的未來會變得怎樣，也最好不要去想，因為每每經過資源回收場時，我都不可能直接面對這些拾荒者的眼神。

不，不再可能。

GL-6062
HYUNDAI
AGL-6062

看板人

台灣有一種景象四處可見，那就是在建案附近會有舉著牌子的人，或男或女，總之他們舉著建案的牌子，牌子上面往往寫著建案的名稱、距離和圖片。他們拿著牌子，站在路口、路邊，每當有警察或是環保局接近，他們便站起來，走上兩、三圈，來回踱步。

這樣的人，我稱之為「看板人」。

之所以會有看板人，其實和法規有關。與建案有關的廣告看板，不能隨意綁在路邊或是公共設施，例如路燈或公車站牌上。但新建案和新推的房子需要在重要的路段或是地點曝光，這時候就會聘請看板人來，舉著看板在各大路口撐著。這些人的待遇非常差，有的一天六百元，有的甚至連六百都不到。

待遇如此之差，是因為削價競爭。在三、五年前，這些看板人還能有著六百至八百元不等的待遇。那時候建商統一以一個人一天一千元聘請，看板人得在八點前到派報社或是人力仲介公司集合，從早上九點舉到下午六點，中午休息一小時。後來景氣還是不好，大量沒有工作的人也投入了。建商在房子不好賣時，往下砍一百元，理所當然地，包商再往下殺一百，不爽不要做。所幸這種工作，外勞無法勝任，畢竟警察常會巡查，還多少有所謂的台灣人保障名額。

這種工作的內容也有城鄉差距。若是在忠孝東路、市民大道或敦化南、北路，有時規定要舉著走，有的規定不可以坐下，這種的待遇稍稍好些，仲介可能僅抽個一、兩百。但是在新北市一帶，比如三重，那就殺價到令人傷心的地步，我聽過有一天僅能

maktec

收取五百的。這些看板人多屬於經濟弱勢，朝不保夕，每天現領的還會被抽成一百元，等於一天下來僅拿到四百，是我到目前為止所看過的最低價。

什麼樣的人會來做看板人？多是在工地現場無法做粗工的、兼職的人力，比如遊民、身心障礙者、受傷的工人或已經年老體衰者。這些已經是弱勢的人們往往身有病痛，或者沒有更好的工作機會，僅能撐著身體在工地現場舉牌。

這當然不符合勞基法，但沒了這份工作，可能連飯也沒得吃。我們的社會福利其實是會幫助窮人的，但你得是一個「標準的」窮人。很可能你很窮，但不是政府想看到的那種窮法，你就還是得去舉看板。畢竟拾荒的待遇更不好。一個人去舉看板一整天，至少可以讓兩人吃上一天飯。

當然，工作期間是痛苦的。台灣的氣候不可能隨時都是春秋涼爽日，看板人都在戶外，酷暑之時可能連水都不夠喝。我們這些做工的，不只一次看到看板人中暑癱靠在一旁，而前去救應。說到工作環境惡劣，我們至少還保有上廁所的自由，工地在外，想拉就拉、想撒就撒，他們卻連離開買水的時間也沒有。一旦被抓到離開定點，很可能就必須扣回當日的薪水。

還有，這些破爛看板卻價值不菲，每一片都有不可思議的天價，遠遠高於他們數日的薪資，甚至高於週薪。因此，看板絕不能離開定點，一旦離開了定點後，廣告效果也就失去了。被派遣公司抓到了只罰一天，假如被建設代銷公司抓到，則一次要罰五天。往往有時候領日薪的就是因此而跑了，但其實早已被扣下不知多少。

看板人連離開定點的權利也沒有，酷暑時刻他們只能喝水，像個地縛靈一樣困在原地，舉著他們永遠永遠不可能買得到、踏進去的房子。冬天時也好不到哪裡去，他們會往身上套一件塑膠雨衣，原因是不透氣的塑膠雨衣可以讓他們防風保暖，如同雨天一般。這雨衣大多數必須重複使用，一次用完再用一次，一天用完再用一天。站個幾天下來，腳痠腿麻，更可怕的是讓人感到絕望。將人的時間換成極低價值的等待，為的是讓看屋的人，能見到看板。這樣的工作幾乎稱不上成就，只是為了讓可能看屋的人沿著牌子上的箭頭繼續開車前往。而舉牌的看板人毫無被看見的可能和價值。

也因此，這些舉牌的看板人大多數毫無生氣，眼神空洞地與看板為伍，有的戴著口罩、帽子，舉著看板廣告，將自己的時間鎖在一個地點，可待遇卻奇差無比。下大雨時，更是令人沮喪，因為根本沒人會來。這些舉牌工之所以存在，往往就是因為建案位置偏遠，在沒有明顯廣告設施能指路下，僅能派遣大量看板人駐點站立。說穿了就是為了規避亂設廣告所替代的手法而已。至於這些人沒被替代，也只是因為外勞不能從事這種工作。

我想過，這工作毫無未來，無法成長，不被重視，並且極度地扼殺人性。我完全不想去做。那些人臉上總帶著無奈的神情，對話也極為零散，還往往一拐一拐地帶著殘缺病體，撐在路上、路邊。我知道這完全不符合勞基法，無論是勞、健保或基本薪資，全部不適用；但我更清楚，一旦有人檢舉，這些人力公司會立即解散重組，然後以更低的待遇繼續生存。我不知道該怎麼辦。

窮人沒有選擇工作的權利，只要一天、兩天不做，那就等於全家要喝西北風。所謂

「團結抵抗慣老闆」，在社會最底層完全無法奏效，因為沒有人站在他們身邊。他們不可能團結，因為每個人都只能求著可以在今天領到自己的那一份錢。他們也不可能有機會進修或是改變，那都要花錢。只能領下這份就算一個月下來也攤不到基本薪資的日薪。很可能就是這樣接著度過餘生。在沒有指望的這個當下，過這樣的日子。

我知道從政者不會憐憫他們。

所以我恐懼。

技
技
3.5
SGS安檢通過

便利商店

當一個人到外地工作，並且和師傅們同住一起時，往往沒有什麼生活空間及生活品質。在外地的時候，便利商店總是能提供多種服務，對一個工地現場管理者來說，任何一家便利商店都能列印、傳真及接收資訊，在那個手機開啟軟體還很慢的年代，我大量仰賴著便利商店。

過去在彰濱工業區工作時，我就曾非常依賴一家便利商店。說起來，那家店的設施還領先於台北縣市。台北的便利商店是在這兩年開始逐漸有提供廁所。中南部的便利商店則早得多，有桌椅、廁所，並有停車場，還會把咖啡渣放在關東煮的碗內，用來集中戶外座位的菸蒂。

當然，對我們來說，便利商店還是貴了些。比起來，小蜜蜂（開車或騎車賣飲料的人）和檳榔攤賣的水總是比較便宜，台啤也只要三十元，飲料還是要去這裡買才划算。但便利商店有現煮咖啡，有關東煮的熱湯，並且可以在最短時間內滿足生活所需。在這種超市要開半小時車的地方，便利商店還是方便得多。

在此之前，我只把便利商店當個無所謂的存在。過去住在景美，要買東西怎麼也輪不到去便利商店，超市或量販店到處都有，便宜且方便無比。直到我一個人長居在外時，才發現在偏遠之處，便利商店有難以替代的功用。那些擺設以及所販賣的物品，對成家有伴的人來說都不划算，但若是一人獨自在外，我會選擇去便利商店一次購買，也往往有些偏鄉之處只能在便利商店購買。夜色晚時，天氣冷起來時，深夜時，這樣一家能符合你所需的店家就瞬時珍貴了起來。

無論往哪裡走去，我時常發現便利商店的店員都極為年輕，並且和我們這些勞工相

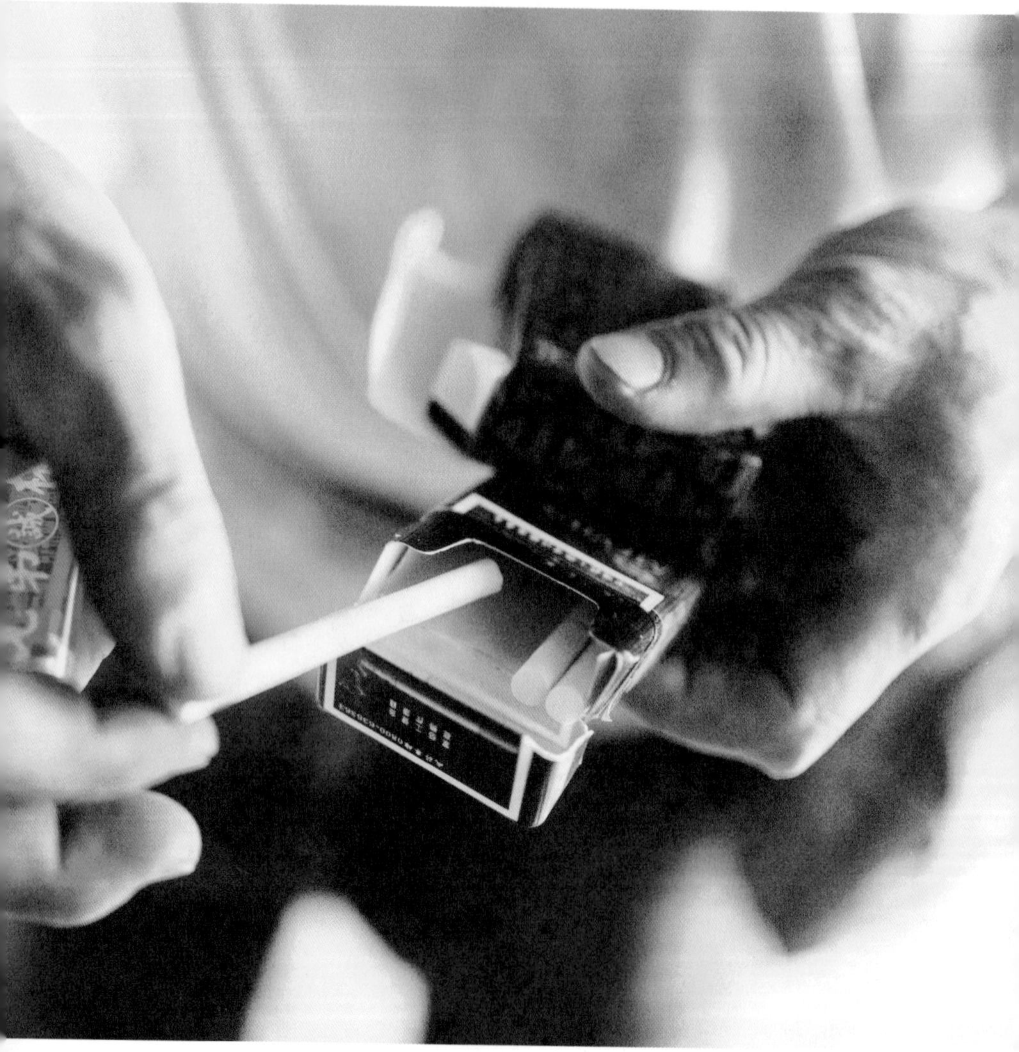

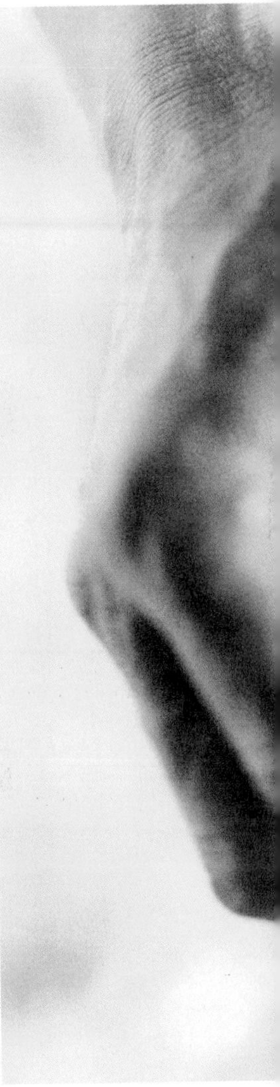

同。這些店員並沒有顯赫家世或漂亮學歷。這個社會將機會給「想像中的人」，而不是我們這些人。店員往往領著最低薪資在為我們服務。有時是日校學生來上小夜班，有時則是夜校生來上日班。我看著他們的工作時間，回憶起自己過去的夜校生活，再看現在的物價，難免心疼起來。我出社會至今，物價飛漲，而以他們的待遇所能買的食物則是愈來愈差。

這些便利商店的店員有時是女孩，往往一臉稚氣，柔弱而單薄地站在櫃檯後。有時則是年輕的男孩，相較於我們的粗獷膚色，他們更顯英俊。有時是二度就業的女性，動作雖慢卻很認真。最少見到的，或許就是和我們一樣的青、中年男性。我當時想過，或許是我們社會對於男性仍有框架。說到底，我身邊的師傅多有人娶這樣的基層服務業女子為妻。男人到工地，做基層的勞工，女人則到基層服務業工作。

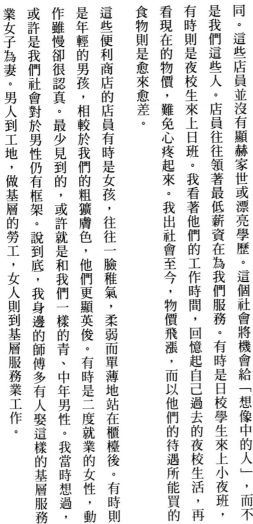

或許因此，我們對於這些店員的工作特別多了一分敏感。許多師傅堅持在進店前，絕對要先將自己的雨鞋清理乾淨，否則寧願不踏進去。

我身邊的黃師傅就是如此，他進便利商店時，寧願脫鞋也不願意踩髒別人的店，原因是不想讓這些服務生增加困擾。那些經過無縫處理的乳白色拋光石英磚，是店員們理所當然要負責清理的。

我曾經多次在便利商店周遭，想帶他趁中午時間前往咖啡廳、便利超商或是賣場，但他始終不肯。黃師傅的原因多是不願造成他人困擾，畢竟做工的疼惜做工的。那些寫在店門口的待遇讓人看了心疼。

我們是戶外工作者，環境其實相當惡劣，終日與柴油引擎為伍，並且在夏日忍受永遠比氣象預報高上五度的氣溫。在工地現場運作的機械往往高溫，金屬構件在太陽下吸熱，不戴手套根本觸碰不得，天熱時的任何動作都令人難受，當氣溫超過三十五度時，就算站著不動，全身上下也都能出汗。天冷時也好不到哪裡去，冷風刺骨，令人難受無比，常常伴隨著頭痛和頭脹。若是下起雨來，隨時可能感冒。

在戶外工作，常常有人做一陣子就無法堅持。我們倒不認為是草莓，只是每個人體能狀況不同而已。管工地的早就習慣大家為了各種原因爭得面紅耳赤，甚至翻臉直接離開也所在多有。但終究為了工程，兩、三杯酒灌下後，大家繼續工作。

便利商店的店員沒有這種待遇，那些奧客往往無所不用其極地欺負弱者。我曾有一次，在便利商店要那些廢話碎嘴之人「不買就滾，別擋我路！」那人回頭一看，我們一夥八人腰掛鐵鎚扳手，雨衣雨褲沾滿了乾掉的泥，一臉鳥氣，沒人會想招惹。這種時候，奧客也多閉上嘴，識相地快速離去。

不管在任何時候，我們身上的味道一點都不好聞。褲子被汗水浸透，褲管的地方帶著烈日曝曬後的白色汗水鹽分結晶。腰帶濕透，屁股、大腿間悶脹著甚至燒襠。但我們這些工人都還能體會、理解，並且尊重這些便利商店店員。

我們不願意在一身髒時坐在店內，以避免店員困擾，也絕不出言欺負他們。我們只是做工的，尚且如此，不知道為什麼其他人做不到。

謝謝你讀完這本書。我感謝您願意和我一起關注和了解我生命中的這些人，這些師傅很可能就在你們身邊，就在工地的圍籬裡、在下水道內、在每一台貨車裡面，在檳榔攤內、在暗巷的轉角。

我最後想再說一個故事：

我在寫作當下已經將真實的人名隱去，地點也做了變更，但完成後我卻發現，無論怎麼更換這些地點、季節或是人名，總會不經意地又影射了現實生活中的其他人。

我對此感到無奈。如果你發現書中的人名和場景有所雷同，請哀矜而勿喜。

國家圖書館預行編目資料

做工的人／林立青著 --初版.--臺北市: 寶瓶文化, 2017.2
面； 公分.--(Vision；143)
ISBN 978-986-406-076-4（平裝）

1.勞動階級 2.勞工 3.文集

546.1707 105025596

Vision 143

做工的人

作者／林立青 攝影／賴小路

發行人／張寶琴
社長兼總編輯／朱亞君
副總編輯／張純玲
資深編輯／丁慧瑋 編輯／林婕伃
美術主編／林慧雯
校對／丁慧瑋・劉素芬・陳佩伶・林立青
營銷部主任／林歆婕 業務專員／林裕翔 企劃專員／李祉萱
財務／莊玉萍
出版者／寶瓶文化事業股份有限公司
地址／台北市110信義區基隆路一段180號8樓
電話／(02) 27494988 傳真／(02) 27495072
郵政劃撥／19446403 寶瓶文化事業股份有限公司
印刷廠／世和印製企業有限公司
總經銷／大和書報圖書股份有限公司 電話／(02) 89902588
地址／新北市新莊區五工五路2號 傳真／(02) 22997900
E-mail／aquarius@udngroup.com

法律顧問／理律法律事務所陳長文律師、蔣大中律師
如有破損或裝訂錯誤，請寄回本公司更換
著作完成日期／二〇一六年十二月
初版一刷日期／二〇一七年二月九日
初版七十五刷日期／二〇二二年十一月十日

ISBN／978-986-406-076-4
定價／三三〇元

AQUARIUS 寶瓶 文化事業

愛書人卡

感謝您熱心的為我們填寫，
對您的意見，我們會認真的加以參考，
希望寶瓶文化推出的每一本書，都能得到您的肯定與永遠的支持。

系列：Vision 143　**書名：做工的人**

1. 姓名：＿＿＿＿＿＿＿＿　性別：□男　□女
2. 生日：＿＿＿年＿＿＿月＿＿＿日
3. 教育程度：□大學以上　□大學　□專科　□高中、高職　□高中職以下
4. 職業：＿＿＿＿＿＿＿＿
5. 聯絡地址：＿＿＿＿＿＿＿＿＿＿＿＿＿＿＿＿

   聯絡電話：＿＿＿＿＿＿＿＿　手機：＿＿＿＿＿＿＿＿
6. E-mail信箱：＿＿＿＿＿＿＿＿＿＿＿＿＿＿

   □同意　□不同意　免費獲得寶瓶文化叢書訊息
7. 購買日期：＿＿＿ 年 ＿＿＿ 月 ＿＿＿日
8. 您得知本書的管道：□報紙／雜誌　□電視／電台　□親友介紹　□逛書店　□網路

   □傳單／海報　□廣告　□其他
9. 您在哪裡買到本書：□書店，店名＿＿＿＿＿　□劃撥　□現場活動　□贈書

   □網路購書，網站名稱：＿＿＿＿＿＿　□其他＿＿＿＿＿
10. 對本書的建議：（請填代號　1. 滿意　2. 尚可　3. 再改進，請提供意見）

    內容：＿＿＿＿＿＿＿＿＿＿

    封面：＿＿＿＿＿＿＿＿＿＿

    編排：＿＿＿＿＿＿＿＿＿＿

    其他：＿＿＿＿＿＿＿＿＿＿

    綜合意見：＿＿＿＿＿＿＿＿＿＿＿＿＿＿＿＿＿＿＿＿
11. 希望我們未來出版哪一類的書籍：＿＿＿＿＿＿＿＿＿＿＿＿

讓文字與書寫的聲音大鳴大放

寶瓶文化事業股份有限公司

（請沿此虛線剪下）

廣 告 回 函
北區郵政管理局登記
證北台字15345號
免貼郵票

寶瓶文化事業股份有限公司 收

110台北市信義區基隆路一段180號8樓

8F,180 KEELUNG RD.,SEC.1,

TAIPEI.(110)TAIWAN R.O.C.

（請沿虛線對折後寄回，或傳真至02-27495072。謝謝）